新疆新型能源体系发展基础与展望

国网新疆电力有限公司经济技术研究院　编著

中国电力出版社
CHINA ELECTRIC POWER PRESS

内 容 提 要

本书围绕新疆新型能源体系建设展开系统论述。全书共 6 章，主要阐释新型能源体系的概念、特征及我国构建基础；分析新疆能源资源禀赋，涵盖煤炭、油气、风光等一次能源与可再生能源；梳理新疆能源开发现状及体系构建进展；探讨新疆面临的机遇（如资源潜力）与挑战（如技术瓶颈、消纳难题）；提出新疆能源发展目标、路径及中长期展望；通过 CCUS、绿氢、疆电外送等示范项目，总结实践经验。

全书结合产学研成果，为新疆能源转型提供理论支撑与实践参考。

图书在版编目（CIP）数据

新疆新型能源体系发展基础与展望 / 国网新疆电力
有限公司经济技术研究院编著. -- 北京 ：中国电力出版
社，2025. 6. -- ISBN 978-7-5198-9575-4
　　Ⅰ. F427.45
　　中国国家版本馆 CIP 数据核字第 20258TQ301 号

审图号：GS 京（2025）0671 号

出版发行：中国电力出版社
地　　址：北京市东城区北京站西街 19 号（邮政编码 100005）
网　　址：http://www.cepp.sgcc.com.cn
责任编辑：薛　红
责任校对：黄　蓓　李　楠
装帧设计：赵丽媛
责任印制：石　雷

印　　刷：北京九天鸿程印刷有限责任公司
版　　次：2025 年 6 月第一版
印　　次：2025 年 6 月北京第一次印刷
开　　本：787 毫米×1092 毫米　16 开本
印　　张：10.25
字　　数：167 千字
定　　价：82.00 元

前 言

党的二十大报告提出"积极稳妥推进碳达峰碳中和，立足我国能源资源禀赋，坚持先立后破，有计划分步骤实施碳达峰行动，深入推进能源革命，加强煤炭清洁高效利用，加快规划建设新型能源体系，积极参与应对气候变化全球治理。"新疆是我国能源资源富集区，资源品种全、储量大、品质好，能源开发条件优越，是党中央明确的国家"三基地一通道"，建设新型能源体系具有得天独厚的资源和区位优势。

本书围绕"什么是新型能源体系，怎样建设新型能源体系"，梳理了新疆能源资源禀赋及开发现状，分析了新疆能源高质量发展面临的机遇和挑战，在此基础上，研判新疆能源中长期发展格局。

为使本书内容更具实用性，特将产—学—研—用深度融合，依托 2022 年新疆维吾尔自治区重大专项《"双碳"背景下"源网荷储"一体化柔性坚强电网关键技术研究》（2022A01001-1）项目，由国网新疆电力有限公司牵头，联合新疆大学、大连理工大学、国家能源集团新疆分公司、中国华电科工集团有限公司、特变电工各下属单位等高校及企业共同完成本书，以期为推进新型能源体系建设提供更有价值的参考，更好地支撑新疆经济社会高质量发展。

本书在编写过程中参考和借鉴了许多专家学者的观点和研究成果，引用了有关资料、案例等，特别是国网新疆电力有限公司经济技术研究院、国网新疆乌鲁木齐供电公司以及国网新疆电力有限公司营销服务中心为本书提供的研究成果，在此向相关作者表示深深的谢意。

随着新型能源体系建设的全面开展，能源发展方向将加速迭代和升级，鉴于编者时间和水平有限，在资料的搜集挖掘和理解引用方面可能存在些许偏颇，恳请广大读者批评指正。

编　者

2024 年 12 月

目　录

第1章　新型能源体系概述

1.1　背　景　与　现　状

1.1.1　国际局势复杂多变

1.《巴黎协议》签署开启我国减碳时代

进入 21 世纪，气候变化成为最受关注的全球议题，而气候变暖也造成了平均气温上升、海平面上、极端气候增加等气候问题。为应对气候变化可能对人类社会和地球造成的无法逆转的危害，国际社会展开了最为广泛的谈判与合作，195 个缔约方于 2015 年 12 月 12 日在巴黎气候变化大会上一致同意并通过了《巴黎协定》，形成 2020 年后全球应对气候变化行动安排。

《巴黎协议》的签订对我国社会发展提出较大挑战。

（1）强度减排指标缺乏可比性。目前，各个国家递交的自主减排贡献方案中，有的国家使用总量指标，有的国家使用强度指标，这样导致不同国家的减排成果缺乏可比性。对我国而言，如何借助经济增速放缓以及强化结构调整的转型期，加快我国经济的绿色低碳转型，不仅尽快实现温室气体的强度和总量控制目标，同时也借助减排温室气体的各类战略、措施和政策，推动局地和区域污染控制、实现有质量的、环境友好、气候友好的长期可持续发展，是一个非常重要且系统性的技术创新和制度变革历程。

（2）未来履约活动的信息披露和透明度要求提高。信息披露和透明度要求，虽然可以视为发达国家提出的激励和制衡发展中国家行动的手段，但对于我国而言，借助信息披露和透明度要求确保减排战略实现也具有重要作用。

1

（3）加大投入适应气候变化。加强短期适应性投入来应对国际减排长期性带来的气候风险，人类将受到气候变化所带来的危机影响，这些危机包括农业生产力下降、用水加剧、遭受极端事件风险的可能性、生态系统瓦解、健康风险加大等。因此，适应气候变化是复杂、多方面的。

（4）煤炭排放二氧化碳量高。发达国家基本是以油气作为主要能源，而我国目前仍是以煤炭作为主要能源。虽然煤炭消费占比已经下降至 56%左右，但以煤为主的能源结构没有根本改变，而煤炭排放的二氧化碳远高于其他能源。

（5）技术能力面临着不足。为实现碳中和目标，仅依赖现有技术存在显著局限性，亟须大规模的科技研发投入，比如大规模发展零碳能源技术、储能技术、二氧化碳捕集利用和封存技术等。

（6）部分行业设备提前淘汰。在实现"双碳"目标的过程中，产业加速转型，可能会面临一些投入的设备、资产还没有完成生命周期就要被提前淘汰的现实问题，尤其是与煤炭相关的行业。

（7）政策制定需完善。在国际合作背景下，应对气候损失和损害、气候变化及气候协定，不仅是全球环境治理和合作的议题，更是全球经济贸易与全球治理秩序的重要组成部分。在此背景下，我国相关政策制定需立足于可持续发展框架，进行审慎评估，确保应对气候变化的策略和政策能够兼具环境、气候、健康、能源、经济和社会发展效益，避免以高成本的方式履约。

2. 全球地缘政治变化对能源供给的影响

2022 年以来，地缘政治局势的变化对全球能源体系产生了显著影响。这一变化不仅凸显了全球能源体系面临的结构性挑战，也为未来能源体系的转型与调整提供了重要契机。中国作为能源消费大国，油气对外依存度较高，供应与消费很大程度受国际市场行情变化的影响大。根据国家能源局公布的数据显示：

（1）在原油进口方面。2019 年，我国原油净进口量约 5.06 亿吨，对外依存度 70.8%；2020 年，我国原油净进口量约 5.42 亿吨，对外依存度 72.7%；2021年，我国原油进口量为 5.13 亿吨，对外依存度高达 72%；2022 年中国原油进口量 5.01 亿吨，对外依存度将降至 71.2%；2023 年中国原油进口量 5.6 亿吨，对外依存度将降至 72.99%。

（2）在天然气进口方面。2019 年，我国天然气进口量 1332 亿立方米，对外依存度均值为 42.1%；2020 年，我国天然气进口量 1365 亿立方米，对外依存度

均值为 42%；2021 年国内经济形势好转，天然气需求量增加，天然气对外依存度均值上涨到近五年最高点 44.40%；2022 年国际气价进口成本涨幅较大，进口天然气量减少，对外依存度均值回落至近五年最低点 40.14%；2023 年我国天然气进口量为 1656 亿立方米，增速为 9.5%，对外依存度均值为 42.3%。2018—2022 年中国天然气对外依存度变化趋势见图 1-1。

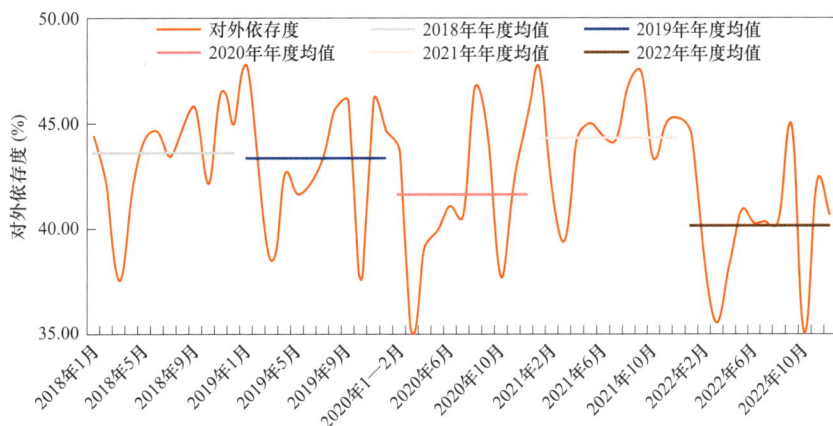

图 1-1　2018—2022 年中国天然气对外依存度变化趋势

对外依存度较高意味着，国际油气供应紧张及价格波动可能对我国经济发展与能源安全产生一定影响。为将此类负面影响控制在可控范围内，主要从以下四方面采取了应对措施。

（1）能源自给程度高，能源安全有底气。一次能源结构中，我国石油、天然气对外依存度相对较高，但煤炭自给率高达 90%。总体来看，我国一次能源自给率约为 80%。

2023 年我国原油产量达 2.09 亿吨，同比增长 2.4%；天然气产量为 2353 亿立方米，同比增长 5.7%；原煤产量 47.1 亿吨，比上年增长 3.4%。这使我国在能源安全上具有了较大程度的保障。

（2）进口"四面八方"，协议"长期可靠"。近年来，我国持续推进油气进口多元化战略，显著改善了进口来源过渡集中于中东的局面，逐步形成了以中南美洲、西非、北非、俄罗斯等多区域为主的多元化进口格局。

2023 年全年原油累计进口 56399.4 万吨，同比增长 11%，相当于每日进口 1128 万桶，打破此前在 2020 年创下的每日进口 1081 万桶的历史纪录，其原因主要为 2023 年国内客运量的复苏增加了对能源的需求。天然气进口 11997.1 万吨，同比增长 9.9%，这是仅次于 2021 年进口 12140 万吨之后的第二高纪录。煤及褐煤进口 47441.6 万吨，同比增长 61.8%，创历史新高。能源进口多元化，有利于缓解能源供需矛盾，有利于改善能源消费结构，有利于增强能源供应安全。在能源进口多元化背景下，即使某个地区的单个能源品种对外依存度较高，其潜在负面影响仍在可控范围内，不会引发能源供应中断或灾难性后果。

（3）生产消费多元化，能源安全有保障。坚持能源多元化，加快实施可再生能源替代，也能有效对冲和减缓外部影响。确定新能源战略，坚持能源生产与供应多元化，使我国能源安全得到更有力的保障。去年，我国煤炭、油气产量持续增长，天然气、水电、核电、风电、太阳能电的消费量占能源消费总量的比重上升到 25.5%，比上年增加了 1.2 个百分点。

据统计，2016—2023 年，我国煤炭产量从 34.11 亿吨提升到 47.1 亿吨；原油产量从 1.969 亿吨提升到 2.08 亿吨；天然气产量从 1368.7 亿立方米提升到 2353 亿立方米。2023 年，水电、核电、风电、太阳能发电等清洁能源发电量超过 3 万亿千瓦时，非化石能源发电装机容量占总装机容量的比重首次超过 50%，这一突破标志着中国能源结构调整取得了实质性进展，也为未来的绿色发展奠定了坚实基础。

能源生产与消费多元化，有效降低了我国能源安全对单一能源或少数能源品种的依赖，显著增强了能源安全保障能力，为我国应对化解外部地缘冲突带来的负面影响提供了有力支撑，这充分体现了我国能源战略的成功。

（4）战略协作好伙伴，能源输送保稳定。中俄两国在能源领域建立了稳固的合作关系，双方不仅签订了能源战略合作协议及长期石油供给合同，还通过紧密的协作确保了能源输出的稳定性。所以，即使俄罗斯的能源生产与出口受到外部因素影响，其对中国的能源出口仍将保持连续性，中断向中国出口能源的可能性极低。

在受到美西方制裁的背景下，俄罗斯通过向中国出口油气和煤炭，能够有效稳定自身经济增长。同时，中国作为潜在的能源进口国，通过增加从俄罗斯的油气进口，进一步增强了能源安全保障。这一合作模式实现了双方利益协同，体现了互利共赢的战略价值。

另一方面，与欧洲过分依赖俄罗斯能源不一样，俄罗斯虽然是中国第一大能源进口来源国、第二大原油进口来源国，但我国进口的俄罗斯油气和煤炭占

我国总消费量的比重并不太大，即使中断也另有来源可替代。中国向俄罗斯进口的油气，主要是通过陆路管道输送，更不受外部干扰。

然而，地缘冲突引发的全球能源安全担忧，仍应引起高度重视。有必要从最坏的情况出发做好充分准备，从当前的国际局势中汲取经验教训：坚持能源来源与消费多元化，确保能源供应自主可控，避免在煤炭、煤电及传统能源的关停问题上采取"一刀切"的做法，切实将能源安全的主动权牢牢掌握。

3. 全球化时代下能源危机越发凸显

在百年未有之大变局下，动荡与变革双轨并行，全球风险社会的图景已然被刻画在人们面前时，流变性、不确定性、复杂性以及模糊性成为这个全球化时代崭新的特征。

传统的能源安全主要以能源消费国为出发，聚焦于能源的供给安全，即利用适度成本获取能源（特别是石油）的足量供给；伴随着全球化时代议题间联动效应的增强，能源开始与经济、气候、环境甚至政治相耦合，能源安全逐渐演变为一种体系性安全，其不仅包含了能源的供给安全，同时还涵盖着能源的价格安全、运输安全、消费安全等多重环节。全球化时代下能源安全展现出了新的特质。

（1）能源安全的经济属性日趋政治化。能源一直以来被看作是一种特殊的战略商品，其既源于能源交易的市场性而具有经济价值，同时又基于能源贸易的过境性和互动性而富有政治意涵。近年来，随着大国竞争的加剧，经济相互依赖关系日渐成为政治对抗的工具，能源安全在地缘政治的裹挟下逐渐被政治化、武器化，能源市场的杠杆优势成了撼动政治关系的天秤，各国对于能源安全的关注正在超越对效率化的追逐。

（2）能源安全的反身性❶逐渐凸显。能源安全作为一种体系性安全，其不仅具有能源体系的内在关联，同时还深嵌于水、粮食、能源的安全体系纽带之中。乌尔里希·贝克在《风险社会》中曾经强调现代化风险所内含的全球化趋势和回旋镖效应——风险在空间上的平等性。当能源安全的级联传导与风险社会的回旋镖效应相互叠加时，全球能源安全也被放置于基点与终点首尾联结的莫比乌斯环叙事结构当中。

---

❶ 反身性，就是相互决定性。在语言学上的反身代词是指两个指代同一事物的词，因为它们具有相互决定性。

2021 年欧洲天然气和电力的短缺已经使能源问题初现端倪，而后出现的一系列地缘政治冲突和能源制裁行为无疑加剧了能源危机的显现。这些事件正犹如热带雨林中蝴蝶扇动的翅膀，悄然引发了全球范围的巨大风暴。国际能源署向世界发出郑重警告，我们已经进入了"第一次真正的全球能源危机"。

1.1.2 我国稳步推动能源战略

1. 深刻认识领悟能源安全

为了在短期内应对这场危机，减少对石油和天然气的外部依赖，许多国家选择暂停对低碳经济的既有承诺，以化石燃料的投资来弥补能源缺口，造就了一个"正在燃烧的世界"。在这场能源引发的烈焰中，欧洲国家逐渐遭受能源制裁的反噬与炙烤，世界多个贫困国家开始出现政治动荡、深陷债务违约，能源安全点燃了全球政治安全的导火索。有挑战才会有机遇，我国深刻地认识到了这场危机背后带来的曙光，在应对这场危机中点亮了些许光亮。

（1）能源安全事关国家安全。当国内安全国际化与国际安全国内化已成为基本的政治叙事时，在全球能源危机的困局中建立独立完整的国家能源安全结构势在必行。党的二十大报告明确能源安全的重要作用，旨在通过"坚持先立后破""深入推进能源革命""加强能源产供储销体系建设"等一系列举措，以能源安全格局的构建推进国家安全体系建设，维护国家的总体安全。

（2）能源安全牵动发展安全。能源是历史进程和世界变局的重要推手，能源转型所引发的技术变革加速了人类社会的巨大变化，其构筑了经济与政治的纽带，牵动着权力与秩序的变革。能源转型是安全发展中的必然要求，能源安全是发展要义下的安全关切。以发展安全审视能源安全，在安全转型中统筹经济和低碳目标，或将成为破解能源"不可能三角"谜题的思路贡献。

（3）能源安全蕴含共同安全。面对身处风暴中心的欧洲陷入能源危机、缺少能源自给的国家在风雨中飘摇，美国能源巨头却在危机中攫取暴利。正如"尼禄在大火吞没罗马时却在拉琴取乐"，古特雷斯强调，"这种荒唐的贪婪正在惩罚最贫穷和最脆弱的人，并且正在摧毁我们唯一的共同家园"。在全球化的世界中，能源危机燃起的灰烬终将散落全球各个角落，没有国家和个人可以在这场危机中置身事外，能源安全是一种共生共存的全球整体安全。

长期以来，我国对世界能源安全作出重要贡献，我国积极与世界各国携手

应对能源安全的重大挑战。在人类命运共同体理念以及全球发展倡议、全球安全倡议所构筑的价值引领下，此次能源危机的重创以及化石能源燃烧的余晖或将成就全球能源体系的历史转折，构划出更加清洁与安全的能源未来，以我国智慧引领世界前行。如何推动全球能源治理体系回归理性和"去政治化"，遏制甚至扭转全球能源治理能力倒退的趋势，在新型能源体系构建过程中值得充分审视和深入思考。

2. 坚定不移推进能源革命

我国是世界上最大的能源生产国和消费国。作为拥有 14 亿人口的泱泱大国，我国又是一个人均能源资源相对匮乏的国家。全国总人口数占世界总人口的20%，人均煤炭资源为世界平均值的 42.5%，人均石油资源为世界平均值的17.1%，人均天然气资源为世界平均值的 13.2%。因此，我国的能源安全问题已经引起了国内经济界、能源界人士的广泛重视，越来越成为我国经济发展中必须面对、无法回避的问题。

能源是我国经济社会发展的基石和动力来源，我国高度重视能源工作。

2014 年，习近平总书记创造性提出"四个革命、一个合作"能源安全新战略，推进能源消费革命、供给革命、技术革命、体制革命，全方位加强国际合作。

2015 年，党的十八届五中全会提出，建设清洁低碳、安全高效的现代能源体系。

2017 年，党的十九大报告提出，推进能源生产和消费革命，构建清洁低碳、安全高效的能源体系。

2020 年，党中央作出"力争 2030 年前实现碳达峰、2060 年前实现碳中和"的重大战略决策，并指出能源绿色低碳发展是关键。

2021 年 3 月，《中华人民共和国国民经济和社会发展第十四个五年规划和2035 年远景目标纲要》提出，推进能源革命，建设清洁低碳、安全高效的能源体系，提高能源供给保障能力。

2021 年，中央财经委第九次会议提出，要构建以新能源为主体的新型电力系统。

2021 年 12 月，中央经济工作会议上进一步提出，深入推动能源革命，加快建设能源强国。

2022 年，党的二十大报告提出，积极稳妥推进碳达峰碳中和，深入推进能源革命，加快规划建设新型能源体系，确保能源安全。

2023 年，全国两会再次明确了加快建设新型能源体系。

由此可见，我国能源革命呈现出清晰严谨的演进过程。

3. 把握体系建设特征要求

经济社会高质量发展需要能源事业的高质量发展，建设现代化强国离不开稳固的能源保障。我们要持续深化对新型能源体系建设的规律性认识，深刻把握新特征新要求，切实把必须坚持的原则坚持下去，把应当完善的措施完善起来，把需要解决的问题解决彻底，努力推动能源高质量发展走在中国式现代化的前列。

能源需求压力巨大，必须坚持稳中求进、以进促稳，以更高的标准端牢能源的饭碗。能源安全是关系国家经济社会发展的全局性、战略性问题，对国家繁荣发展、人民生活改善、社会长治久安至关重要。目前我国能源生产总量约占世界的 1/5，消费总量约占世界的 1/4，而人均能源消费仅为经济合作与发展组织（OECD）国家平均水平的 2/3，14 亿多人口整体迈进现代化社会，规模超过现有发达国家的总和，能源消费需求仍将刚性增长。近年来，虽然世界经济增长乏力，但我国经济仍然保持着中高速增长态势，我国能源发展面临着需求压力巨大的挑战。除了总量保障问题，还有峰谷调节问题，突出体现在迎峰度夏、迎峰度冬上。经济恢复发展时期也是能源需求旺盛时期，随着我国经济持续回升向好，能源需求仍将持续增长。扛牢安全保障重大责任，必须以更高的标准端牢能源的饭碗，为高质量发展提供更为安全可靠的能源保障。

绿色低碳转型任务艰巨，必须坚持先立后破、通盘谋划，以更加坚定的步伐大力发展清洁能源。积极发展清洁能源，推动经济社会绿色低碳转型，已经成为国际社会应对气候变化的普遍共识。我国产业结构偏重、能源结构偏煤，推动绿色低碳发展，保障安全稳定供应，必须大力发展清洁能源，加快破解发展环境、要素保障等方面的难题。这是落实"双碳"目标任务的要求。以提高非化石能源消费占比为例，按照 2030 年 25% 的目标推算，2030 年前要保持大约 1 个百分点的年均增速，电力系统高比例可再生能源和高比例电力电子设备接入的"双高"特征将进一步凸显。为此，既需要电力系统具备更坚强的抗风险能力和更灵活的调节能力，也需要市场方面提供更广阔的消费空间和更完善

的保障机制。同时，这也是应对外部环境的需要。当前国际社会围绕气候变化的博弈日趋激烈，对能源活动的约束日趋收紧，激烈博弈背后的实质更多关系到发展权与排放权的权衡。作为世界上最大的发展中国家，我们既要坚定不移推动减碳、降污、扩绿、增长，推动建设美丽中国，构建人与自然和谐共生的命运共同体；也要坚持公平、共同但有区别的责任和各自能力原则，统筹好新能源发展和国家能源安全，切实推动新能源高质量发展，努力为中国式现代化提供安全可靠的能源保障，为共建清洁美丽世界作出更大贡献。

国际能源市场跌宕加剧，必须坚持胸怀天下、合作开放，以更强的风险意识加强国际合作。推动能源高质量发展，离不开高水平对外开放。目前，我国与 90 多个国家（地区）和国际组织建立了双多边合作机制，在共建"一带一路"国家的能源项目投资占总投资的比重超过 40%，同 100 多个国家和地区开展绿色能源项目合作，能源国际合作成为中国特色大国外交的重要组成部分。特别是新能源汽车、锂电池和光伏产品"新三样"备受国际市场欢迎，2023 年出口增长近 30%，为国际社会提供了优质高效的新能源设备和产品。但也要看到，当今世界并不太平，能源商品价格走势存在较大变数。越是面对动荡变革的世界，越要有居安思危、未雨绸缪的风险意识，越要加强国际合作。中国能源行业对外开放的大门不会关闭、只会越开越大，我们愿同世界同行一道进一步加强公平合作，努力寻求促进互利共赢的最大公约数，共同分享中国式现代化和世界发展进步给能源行业带来的新机遇新红利。

能源工作民生属性凸显，必须坚持人民至上、民生优先，以更好的服务满足人民对美好生活的向往。在实现全体人民共同富裕的新征程上，民生用能水平既衡量着一个国家的现代化程度，也反映着人民群众的幸福生活水平。新时代以来，我国加快建设能源惠民利民工程，实现 14 亿多人口人人享有电力，建成 2636 万千瓦光伏扶贫工程，北方地区清洁取暖率达到 76%，建成全球最大规模的电动汽车充电设施网络，民生用能保供稳价有力有效，有力保障和促进了民生福祉改善，充分展现了社会主义制度的优越性。民生用能具有典型的供给主导型特征，市场有供给，老百姓才能用得上。这就要求我们既要尽力而为也要量力而行，既不能因循守旧更不能好高骛远。目前，我国人均年能源消费量与发达国家相比还有一定的差距，还有很多民生工作需要去做。特别是我国城乡之间发展不均衡，用能方式、品质和服务差异较大，有的城市低压配电网"最后一公里"还不够畅通，有的地方农村电网基础还较薄弱。中国式现代化是全体人民共同富裕的现代化，人民对美好生活的向往就是我们的奋斗目标，要紧紧围绕人民群众的新向往加快推进民生工程建设，努力使能源发展成果更多更公平地惠及全体人民。

科技创新驱动作用加重，必须坚持创新驱动、自立自强，以更大的力度培育和发展新质生产力。人类社会发展至今，经历了从薪柴到煤炭、从煤炭到油气的两次能源转型，相应催生了以蒸汽机、内燃机为动力标志的两次工业革命，推动社会生产力实现新跨越、人类文明实现新飞跃。当前，全球能源科技创新进入空前密集活跃期，新一轮科技革命和产业变革加速重构全球能源版图，能源新技术新业态不断涌现。在新一轮创新大潮面前，能否抓住机遇加快科技创新步伐，通过能源革命推动产业革命，是我国推进新型工业化、实现弯道超车的关键。目前，我国能源科技实力在世界创新舞台上已占有举足轻重的地位，话语权和影响力已今非昔比，但也存在一些短板弱项需要进一步补齐。推动科技创新既是补短板强弱项、提高自主安全保障能力的战略举措，也是转方式调结构、推动发展转型变革的必然选择。必须坚持创新在高质量发展中的核心地位，瞄准世界能源科技前沿，聚焦能源关键领域和重大需求，发挥新型举国体制优势，加强关键核心技术联合攻关，切实把能源技术及其关联产业培育成带动我国产业升级的新增长点，努力为创新大潮奔流涌动延续源头活水，为事业发展长治久安再造大国重器。

4. 推进新型能源体系建设

我国能源发展仍面临需求压力巨大、供给制约较多、绿色低碳转型任务艰巨等一系列挑战。应对这些挑战，出路就是大力发展新能源，当前，我们需要重点抓好几项工作。

统筹新能源发展和国家能源安全，全力满足经济社会发展需求。坚持规划先行，加强顶层设计，搞好统筹兼顾，确保高质量发展和高水平安全协同推进。要处理好新能源与传统能源的关系，发挥煤炭兜底保障作用，加快支撑性调节性电源建设，加大油气勘探开发力度，积极稳妥推进水电、核电等重大工程实施，确保能源供应安全稳定。要处理好全局与局部的关系，研究编制"十五五"能源规划，统筹谋划中长期能源电力优化布局，扎实做好迎峰度夏、度冬电力供需平衡预警和能源保障，促进区域之间、时段之间能源生产消费协调平衡。

要处理好政府与市场的关系，推动中长期、现货和辅助服务市场衔接，完善电力中长期交易机制，有序扩大电力现货市场规模。提高新能源、跨省跨区送电等优先发电量参与市场化交易比例，促进跨省跨区交易与省内市场有效衔接。

大力推动能源技术革命，加快形成新质生产力。深入实施创新驱动发展战略，突出问题导向和需求导向，加强能源科技自主创新，提升能源产业链供应链自主可控水平。实施能源领域重大科技专项和国家重点研发计划重点专项，积极推进可再生能源、储能、氢能、智能电网等关键技术攻关和工程示范。开展第四批能源领域首台（套）重大技术装备申报和评定，推进关键技术推广应用。加强新型低碳煤电技术创新，积极探索低碳发电技术。加强新型储能试点示范项目跟踪评价，促进新型储能多元化发展。健全能源科技创新体系，完善依托能源工程推进科技创新政策体系和工作机制，促进非常规油气勘探开发数字化智能化等试点示范。实施能源碳达峰碳中和标准化提升行动。

扎实推进新能源基础设施建设，努力加快能源绿色低碳转型变革。适应能源转型需要，着眼"双碳"目标任务，努力推动高质量跃升发展，夯实国家新能源发展和安全根基。继续推动风电光伏发电体系快速发展，坚持集中式和分布式并举、陆上和海上并重，加快大型风电光伏基地项目建设，积极稳妥推动海上风电开发建设，编制全国主要流域水风光一体化规划，开展"千乡万村驭风行动""千家万户沐光行动"。抓紧建设新型电力系统，加快特高压柔性直流输电技术创新应用，推进电网基础设施智能化改造和智能微电网建设，开展配电网高质量发展专项行动，研究提升电力智能调度水平，提高电网对清洁能源的接纳、配置和调控能力。选取部分县乡地区开展电动汽车充电基础设施建设应用推广活动。

持续深化能源国际合作，全面提升国际影响力话语权。以共建"一带一路"为引领，充分利用国内国际两个市场、两种资源，保障开放条件下的能源安全。巩固拓展"一带一路"能源合作伙伴关系，举办第三届"一带一路"能源部长会议，高质量推进"一带一路"能源合作。统筹深化中俄能源合作，加强中欧在氢能、储能、风电、智慧能源等领域技术创新对话合作，务实开展中美能源领域交流。编制全球清洁能源合作区域指南，持续深化绿色能源合作，不断加强与周边国家电力互联互通，推动构建能源绿色低碳转型共赢新模式。深度参与国际能源治理变革，推动建立公平公正、均衡普惠的全球能源治理体系。

1.2 新型能源体系概念及内涵

1. 我国能源事业的新提法和新论断

新型能源体系是党中央立足新发展阶段、贯彻新发展理念、构建新发展格局，为确保圆满完成"双碳"目标任务而提出的关于能源发展的新定位、新要求和新任务。

新型能源体系相比于当前能源体系，关键在于"新"，产生于新的外部形势下，需要建立新的治理体系，形成新的生产力，满足新的目标要求。新型能源体系不是凭空产生的，而是在碳达峰碳中和新形势下，对"清洁低碳、安全高效"现代能源体系的新升华，它与新时代、新发展观、新发展格局等概念相匹配，它与能源安全新战略、现代能源体系、能源强国的内涵实质是一脉相承的。

"四个革命、一个合作"的能源安全新战略是坚定不移贯彻落实能源安全的战略思想；建设能源强国是全面建设社会主义现代化国家的重要组成部分；建设新型能源体系是当前主要的现实任务。

各阶段目标的提出体现了能源安全在经济高质量发展中的新定位、在社会主义现代化强国建设中的新作用。

2. 以碳排放强度或总量作为"标尺"

杰里米·里夫金在《第三次工业革命》这本具有全球影响的书中首次提出了"新型能源体系"这个概念。里夫金认为，当今世界正从前两次工业革命中形成的以化石能源为支柱的能源体系向以可再生能源为基础的可持续能源体系转型，并把这种新型能源体系变革称之为"第三次工业革命"。

3. 由不可控体系向可控体系转变的过程

我国多位能源专家在接受《中国经营报》记者采访时表示，锚定"双碳"目标，构建新型能源体系必须协同能源低碳转型与能源安全，逐步推动能源供应体系由传统化石能源为主体向非化石能源为主体、安全可持续的方向转变。

有学者认为，新型能源体系的本质是一个从不可再生的且分布不均的化石能源供给体系为主，逐步向新型的、可再生的、广泛存在的清洁能源供给体系

为主的转变过程；是一个由自然资源禀赋依赖为主，向科学技术依赖为主的转变过程。

4. 适应"双碳"新发展要求的新一代能源体系

在《新型电力系统与新型能源体系》一书中提出，立足我国能源资源禀赋，适应能耗双控逐步转向碳排放双控的新需求，坚持清洁低碳是方向、能源保供是基础、能源安全是关键、能源独立是根本、能源创新是动力、节能提效要助力、统筹发展与安全、统筹保供与转型依托电力系统高质量发展推动能源高质量发展。

有专家认为，新型能源体系是以非化石能源为供能主体，以低碳零碳利用的化石能源为必要的结构性支撑，以智能高效能源互联网为枢纽平台，以能源绿色低碳发展基本制度和政策体系为支撑，融合应用先进能源技术与新一代数字信息技术，依托统一现代能源市场优化配置能源资源，在保障能源安全的前提下，广泛形成能源绿色生产消费方式，实现更高水平的能源供需动态平衡，一次能源与二次能源协调互济，能源产业链供应链现代化水平显著提升，能源国际合作和竞争优势持续彰显，高质量、渐进式、可持续发展的能源体系。

因此，新型能源体系是以清洁能源为供给主体，以新型电力系统为重要依托，以保障能源安全和经济社会发展需求为基本前提，以绿色低碳转型为根本方向，为适应能源领域碳达峰碳中和新发展要求而提出的新一代能源体系，旨在为实现经济社会高质量发展注入新动能，为如期实现"双碳"目标提供新引擎、满足人民群众对美好生活用能的新期待。

1.3 新型能源体系的特征

1. "清洁低碳、安全高效"的新升华

2015 年，党的十八届五中全会提出建设"清洁低碳、安全高效"的现代能源体系，新型能源体系是在碳达峰碳中和新形势下，对"清洁低碳、安全高效"现代能源体系的新升华。这是由传统能源安全向非传统能源安全的变迁的表现，由传统能源体系向非化石能源体系的转型，由能源生产侧变革为主向生产与消费变革同步转型，而所有这些转型必须以能源安全保障国家安全为前提，既要

体现在安全观念上，也要体现在结构组成、技术支撑、能源产业与用能产业等领域的变革上。

2. 新型能源体系的"四新一强"特征

综合各方面研究和认识，新型能源体系至少具有"四新一强"的特征。

一是一次能源结构新。主体能源逐步实现从化石到非化石的更替，非化石能源占能源消费总量的比重将从目前的 17.5%，提高到 2060 年碳中和时的 80%以上，非化石能源增量组合形式呈现多种可能。

二是能源系统形态新。将由以绿电为核心的新型电力系统、氢能等新的二次能源系统以及化石能源零碳化利用系统构成，具体表现为：非化石能源大规模高比例开发利用，绿电成为电力供应及终端能源消费的主体；难以电能替代的终端用能领域和环节，以氢能、氨能、甲醇等非电形式实现清洁替代；少量必需的化石能源消费，将通过碳捕集利用与封存、生态系统碳汇等实现碳中和。

三是产业体系新。新型能源体系催生新技术、新产业、新模式，低碳零碳负碳技术装备大规模推广应用，新能源等战略性新兴产业成为新的增长引擎，新一代信息技术、人工智能等与能源系统深度融合，数字能源产业发展壮大，能源供给消费新业态新模式广泛形成。

四是治理体系新。形成与现代化强国相适应的能源治理体系，法律法规政策体系健全完善，体制机制更加高效有活力，各种要素资源实现高效配置，各类企业创新动力和能力明显提高。

五是供应链韧性强。一方面，能源生产供应保持合理裕度，能源产供储销用各环节高效衔接，区域自主平衡和跨区协同互济并重，空间布局更加优化；另一方面，能源储备体系更加完善，应急响应能力显著提升，防范化解重大风险能力明显增强。

3. 新型能源体系向"四化"特征转变

未来，新型能源体系总体呈现"四化"的特征趋势：

一是能源生产供应有序低碳化。新型能源体系建设，需要非化石能源快速发展，化石能源逐步实现清洁高效低碳零碳利用，打造多元清洁能源供应系统。能源"产供储销用"各环节灵活性资源合理配置，新能源供给消纳体系和新型电力系统建设深入推进，更好满足日益增长的绿色能源电力消费需求。支撑我国 2050—2060 年非化石能源消费比重超过 80%，新能源电量渗透率超过 50%。

二是终端能源消费逐步电气化。用能行业与能源电力行业协调发展，清洁电能替代传统化石能源深入实施，带动工业建筑、交通运输部门和农业农村电气化水平不断提升，电能逐步成为终端能源消费的主体，支持实现产业发展与居民生活用能低碳高效转型。支撑我国 2050—2060 年电能占终端能源消费比重达到 70%，人均生活用电量超过 2500 千瓦时。

三是能源资源配置更加市场化。涵盖中长期交易、电力现货、电力辅助服务和绿电交易的统一电力市场全面形成，多元发用电主体全面参与电力交易。电力市场、各类煤炭石油天然气交易中心、全国碳排放权交易市场、用能权交易市场、绿证交易市场之间有效衔接，形成激发生产、绿色低碳、惠及民生的可靠能源电力供应。支撑构建全国统一现代能源市场体系，捋顺能源价格机制，实现能源资源配置全局最优。

四是能源电力系统高度智慧化。能源产业数字化转型深入推进，智能高效能源互联网逐步发展成形，电力源网荷储一体化蓬勃发展，能源流、电力流与数据流、信息流深入融合，促进能源电力供需交互响应水平大幅提升，多能耦合集成优化的综合能源系统灵活高效运行。支撑补强现代能源产业链，构建智慧能源系统，推动能源绿色低碳发展形态迭代演进。

1.4　加快构建新型能源体系的意义

党的二十大报告对于如何推进绿色低碳发展和人与自然和谐共生进行了更进一步深入考察。其中"加快规划建设新型能源体系"这一新提法是新时代我国能源产业转型升级的重要指南，擘画了我国能源体系发展新的蓝图。党的十八大以来，以习近平同志为核心的党中央提出了"四个革命、一个合作"能源安全新战略，出台了一系列指导能源革命的新方案、新举措、新政策，新型能源体系是其系统凝练与拓展延伸的最新成果。

新型能源体系何以重要？新型能源体系"新"在哪里？新型能源体系如何构建？以上问题是规划建设新型能源体系需要回答的基本问题，也是未来一段时间需要持续论证和深入探索的重点话题。

1. 保证国家能源安全的坚实屏障

党的二十大报告指出："深入推进能源革命，加强煤炭清洁高效利用，加大油气资源勘探开发和增储上产力度，加快规划建设新型能源体系，统筹水电开发和生态保护，积极安全有序发展核电，加强能源产供储销体系建设，确保能源安全。"如今，随着国际形势复杂多变、逆全球化思潮不断蔓延，叠加多重地缘政治博弈，我国能源安全面临的风险与日俱增。在我国适时推进加快构建新发展格局的政策背景和"双碳"目标指引下，建设清洁低碳、安全高效的新型能源体系，提高能源供给保障能力成为转变经济发展方式、保障国家能源安全的重要一环。因此，应坚持安全可靠、鼓励创新、适度弹性、稳定有序等原则适时推进新型能源体系的建立健全，使之成为复杂国际形势下保证国家能源安全和发展利益的重要屏障。

2. 实现碳达峰碳中和的基础性工程

党的二十大报告指出："积极稳妥推进碳达峰碳中和。实现碳达峰碳中和是一场广泛而深刻的经济社会系统性变革。立足我国能源资源禀赋，坚持先立后破，有计划分步骤实施碳达峰行动。"随着国民经济发展对于能源资源的需求强度逐渐加大，环境污染与碳排放形势日趋严峻，控碳减排压力与日俱增。面临新时代我国社会主要矛盾的历史性转变和经济社会发展动能转换的时代机遇，构建更加多元、清洁、低碳、可持续的新型能源体系成为能源产业实现战略性、整体性转型的当务之急。

3. 应对气候变化全球治理的落脚点

党的二十大报告指出："积极参与应对气候变化全球治理。"根据《中国气候变化蓝皮书（2022）》，2021 年全球平均温度较工业化前水平高出 1.11 摄氏度，是有完整气象观测记录以来的七个最暖年份之一。我国升温速率高于同期全球平均水平，是全球气候变化敏感区。

与此同时，全球气候变化引致的极端气候频发、自然灾害增多给各国的粮食生产和人民生活造成了巨大的损失。构建新型能源体系既是我国履行节能减排责任、实现减碳目标的重要保障，也是我国为助力全球气候治理和节能减排工作提供的重要示范和公共产品，将进一步推动我国争取全球节能减排和气候治理话语权。

党的二十大报告指出"必须牢固树立和践行绿水青山就是金山银山的理念，

站在人与自然和谐共生的高度谋划发展。"我国拥有 14 亿多人口，全面建设社会主义现代化国家要坚持以人为本，如果走欧美发达国家老路，去大量消耗资源、污染环境，是难以为继，走不通的。

　　走人与自然和谐共生的现代化道路，是从我国国情和实际出发的战略抉择。在以人为根本、坚持人与自然和谐相处的中国式现代化愿景中，能源革命占据重要的支柱性地位。要打破以能源资源掠夺式开发和粗放式消耗为特征的增长魔咒，就要坚持创新引领、放眼未来的长远视野，以取之不尽用之不竭的非化石能源采储消为突破点，构建成本低廉、清洁低碳、安全高效的新型能源体系。新型能源体系的建设，将有助于我国快速占据能源革命的先机，在新能源发展领域取得更加突出的成就。

1.5　我国建设新型能源体系的基础

　　新时代以来特别是能源安全新战略提出 10 年来，在以习近平同志为核心的党中央坚强领导下，全国能源行业全力以赴保障能源安全，持之以恒推动能源转型变革，积极推进一系列战略性举措和变革性实践，相继取得一系列突破性进展和标志性成果，推动能源事业发展取得新成就、开创新局面。我国能源安全得到有效保障，能源基础设施建设取得重大成就，核电技术、新能源技术取得重大成果。

1. 能源消费革命

　　推动能源消费革命，生态优先、绿色低碳发展道路越走越宽阔。深入贯彻新发展理念，全面落实"双碳"目标任务，积极转变能源消费方式，大幅提升能源利用效率，以年均约 3.3% 的能源消费增长支撑了年均超过 6% 的国民经济增长。目前，我国清洁能源消费比重达到 26.4%，煤炭消费比重由 2012 年的 68.5%下降到 2023 年的 55.3%，我国对全球非化石能源消费增长的贡献度超过 40%，单位国内生产总值（GDP）能耗降幅超出同期世界平均水平的 1 倍多，2023 年全球新增可再生能源发电装机有一半多在中国。实践启示我们，加快建设新型能源体系，必须完整准确全面贯彻新发展理念，持之以恒推动能源消费革命，加快形成节约资源和保护环境的产业结构、生产方式、生活方式、空间格局，坚定不移走生态优先、绿色低碳的发展道路。

2. 能源供给革命

推动能源供给革命，能源的饭碗始终牢牢端在自己手中。我国立足能源国情，全面推进供给侧结构性改革，大力增强国内资源生产保障能力，持续增加高质量有效供给。深入实施释放煤炭先进产能、大力提升油气勘探开发力度、建设新型电力系统等一系列战略举措，建成投产白鹤滩水电站、"华龙一号"核电站等一批全球领先的世纪工程，历史性解决无电人口用电问题，非化石能源发展领跑全球，化石能源清洁高效利用成效显著，煤、油、气、新能源和可再生能源多元供应体系进一步巩固完善，安全生产水平持续提升，不仅经受住了新冠疫情和重大自然灾害的严峻考验，也有力应对了国际能源价格动荡的传导影响，为经济社会持续健康发展提供了安全可靠的动力支撑。实践启示我们，加快建设新型能源体系，要牢记中国是世界最大的发展中国家这一基本国情，以对 14 亿人的能源安全高度负责的责任感和使命感，坚定不移推动能源供给革命，全力以赴保障能源安全，多措并举扩大有效供给，毫不动摇做好自己的事情，坚决把能源饭碗牢牢端在自己手中。

3. 能源技术革命

推动能源技术革命，创新发展取得长足进步。我国深入落实创新驱动发展战略，充分发挥新型举国体制优势，分类推进技术自主创新、重大装备国产化，扎实开展关键技术装备攻关，积极推进新型储能、氢能等新兴产业发展，取得了特高压输电、先进核电、新能源技术、百万千瓦水电、400 万吨/年煤炭间接液化、"深海一号"油气平台、特厚煤层智能综采等一批重大科技创新成果，有效应对了一些领域面临的"卡脖子"风险，为维护产业链供应链安全稳定、促进提升国家战略科技力量发挥了重要作用。特别是经过持续攻关和积累，我国多项新能源技术和装备制造水平已全球领先，建成了世界上最大的清洁电力供应体系，用不到 10 年的时间走完了发达国家近 30 年的成品油质量升级之路，成为世界能源发展转型和应对气候变化的重要推动者。实践启示我们，关键核心技术是要不来、买不来、讨不来的，加快建设新型能源体系，必须始终把科技命脉牢牢掌握在自己手中，坚定不移推动能源技术革命，切实把发展的战略基点放在科技自立自强上。

4. 能源体制革命

推动能源体制革命，能源发展快车道全面打通。我国紧紧围绕推进治理体系和治理能力现代化目标，坚持市场化改革取向，坚持有效市场和有为政府有机结合，不断加强能源发展改革顶层设计和重大布局，推动实施新一轮电力体制改革、油气体制改革，持续加强规划、政策、监管、法治及信用等领域建设，加快构建全国统一的电力市场体系，"获得电力"、国家天然气一张网、煤电容量电价、绿色电力证书等一批重大改革成果落地实施，改革红利惠及广大企业和消费者，能源行业治理方式和发展方式发生重大转变，也为深化重点领域改革提供了经验借鉴。实践启示我们，加快建设新型能源体系，必须牢牢把握推进改革创新这一时代特征，着力通过改革的办法来解决发展中遇到的难题，不断破除制约发展的体制机制障碍，努力激发推动发展的内生动力和市场活力，切实把制度优势更好转化为治理效能。

全方位加强能源国际合作，高水平对外开放不断扩大。我国坚持引进来和走出去更好结合，统筹用好国内国际两个市场、两种资源，务实推进大国能源合作，推动建立中俄能源商务论坛、"一带一路"能源部长会议、国际能源变革论坛等多个合作交流平台，打造出核电、特高压输电、水电、新能源等一批重大出口成果，油气进口战略通道和国际油气合作区块进一步巩固完善，我国在国际能源舞台的话语权影响力大幅提升，开放条件下的国家能源安全保障水平进一步提高，为服务和推动构建新发展格局发挥了重要作用。实践启示我们，加快建设新型能源体系，必须始终坚持胸怀天下的基本原则，积极顺应经济全球化趋势，深化拓展"一带一路"能源合作，务实推进高水平对外开放，努力扩大与世界各国的合作共赢，切实保障开放条件下的国家能源安全。

第2章 新疆新型能源体系构建及能源资源禀赋

2.1 新疆资源概况

新疆维吾尔自治区是我国最大的省级行政区，面积 166.49 万平方千米，约占全国陆地总面积的六分之一，下辖 4 个地级市、5 个地区、5 个自治州、12 个自治区直辖县级市，自治区人民政府驻乌鲁木齐市，常住人口 2589 万，幅员辽阔、地广人稀。新疆地处亚欧大陆腹地，陆地边境线 5600 多千米，周边与俄罗斯、哈萨克斯坦、吉尔吉斯斯坦、塔吉克斯坦、巴基斯坦、蒙古国、印度、阿富汗八国接壤，在历史上是古丝绸之路的重要通道，是第二座"亚欧大陆桥"的必经之地，战略位置十分重要。

新疆位于北纬 38.5 度至 48.5 度之间，地处我国西北边陲，亚欧大陆腹地，地域广阔，是"丝绸之路经济带"核心区，新疆地区的地形特征总体可以概括为"三山夹两盆"：北有阿尔泰山，南有昆仑山，天山横贯中部，把新疆分为南北两部分，习惯上称天山以南为南疆，天山以北为北疆，哈密、吐鲁番一带称东疆。南部塔里木盆地，北部准噶尔盆地，天山东部和西部分别是吐哈盆地和被誉为"塞外江南"的伊犁谷地。

南疆的塔里木盆地面积 53 万平方千米，是中国最大的盆地。位于塔里木盆地中部的塔克拉玛干沙漠，面积约 33 万平方千米，是中国最大、世界第二大流动沙漠。贯穿塔里木盆地的塔里木河全长 2486 千米，是中国最长的内陆河。

北疆的准噶尔盆地面积约 38 万平方千米，是中国第二大盆地。准噶尔盆地中部的古尔班通古特沙漠面积约 4.8 万平方千米，是中国第二大沙漠。新疆湖泊

众多，水域面积 5505 平方千米，其中博斯腾湖水域面积 980 平方千米，是中国最大的内陆淡水湖。新疆东部吐鲁番盆地的艾丁湖，低于海平面 154 米，是中国陆地最低点。

南疆和北疆在气候环境方面、地貌形态方面都有着较大差异：

在气候环境方面：南疆属于暖温带大陆性干旱气候，每年春夏之交常有遮天蔽日的沙尘，还有令棉苗枯萎、令杏花凋零的倒春寒，以及干热风、冰雹、洪水等。北疆则为温带大陆性干旱半干旱气候，大体上，北疆的气候比南疆的气候温和。

在地貌形态方面：南疆主要以沙漠、高原和冰川为主。诠释了沙漠与戈壁的风光，主要地貌特征为塔里木盆地和帕米尔高原。这里有着"中国第一大沙漠"塔克拉玛干沙漠和"世界十大高原"之一的帕米尔高原。此外，南疆的海拔范围是 0～8611 米，其最高点是乔戈里 K2 峰。北疆则展现出了完全不同的风貌。这里以草原和森林为主要植被，给人一种鲜明的色彩层次感。北疆汇聚了高山和草原，呈现出一番塞外江南的景象。

新疆地处我国内陆，在全球构造带中处于古亚洲构造域的核心，在气候环境方面和地形地貌方面都有不同的表现特征。

气候环境方面，新疆地处北温带，属于典型的"温带大陆性干旱气候"，主要的气候特征表现为：

（1）冬夏季漫长且年温差大：新疆由于四周远离海洋，被高原高山环绕，属于温带极端大陆性气候，冬夏季相对较春秋季长，冬季漫长且严寒，夏季漫长且炎热。

（2）天长夜短且昼夜温差大：新疆由于晴天多、日照强、干燥，以及地面植被相对稀疏等因素，造成昼夜温差大。白天，太阳供给地面的热量，几乎全部用来加热大地和空气；夜晚，由于戈壁缺少保持热量的能力，地面冷却散热的速度特别快，温度迅速下降，形成昼夜温差特别大。这种气候条件有利于太阳能和风能的积累和释放。

（3）年降水量少而蒸发量大：新疆深居内陆，离海洋遥远，地形封闭，海洋水汽难以到达这里，而且降水主要分布在山区，平原区的降水较少。冬季降水偏少，冷空气活动频繁。夏季蒸发量大。

地形地貌方面，新疆地形"三山夹两盆"，三座山脉是分割成北疆、南疆和东疆的自然屏障，主要的地貌特征表现为：

（1）山口峡谷风速高：新疆的山地面积和盆地面积均较大。山地地形有利于风能的集中和加速，盆地地形有利于风能的传播和扩散。在山地地区，海拔普遍较高，气候寒冷，空气稀薄，气压梯度大，风速较高；在盆地中心地区，由于地形较低，气流受到压缩作用，风速较高；而在盆地边缘地区，由于地形较高，气流受到抬升作用，风速也较高。整体来看，北疆风速大于南疆，山区风速大于盆地，高山风速大于中低山区，山口、峡谷、河谷多为风速大的区域，特别是北疆、东疆风口。

（2）南疆北疆温差大：夏季气温南疆大部地区偏高，吐鲁番极端最高气温达 49.6 摄氏度。冬季气温北疆大部地区偏低，阿勒泰最低气温可达零下 57.8 摄氏度。

（3）西部东部水差大：北疆西部伊犁地区水资源最丰富，占比超过 35%，南疆地区次之，东疆吐哈地区最少，占比不到 3%，整体呈现"北富南、西富东"特征。

新疆独特的自然地理位置形成了十分富集的可再生能源，其中包括水能、风能、太阳能、生物质能、地热能等。可再生能源资源储量大，是全国资源最丰富的省区之一。

2023 年 6 月，我国自然资源部发布了 2022 年度全国矿产资源储量统计数据（见表 2-1），全国石油、天然气和页岩气的技术可采储量也都有了不同幅度的增长。尤其是新疆，拥有丰富的能源资源，包括煤炭、石油、天然气、铁矿石、铜、金、钢铁等，为国内能源、工业和建设领域提供了重要支持。

表 2-1　　　　　2022 年全国能源资源储量统计表

地区	煤炭（亿吨）	石油（万吨）	天然气（亿立方米）	天然沥青（万吨）	油页岩（亿吨）	油砂（万吨）	地热（立方米/日）
全国	2070.12	380629	65690	16.89	21.07	18852	3063606
北京	0.97	17	0.04				5098
天津		3694	295				153537
河北	24.22	24159	336		0.03		727481
山西	483.1		1211				
内蒙古	411.22	12290	10116		0.36		42953
辽宁	10.72	14183	153		12.45		9254

续表

地区	煤炭（亿吨）	石油（万吨）	天然气（亿立方米）	天然沥青（万吨）	油页岩（亿吨）	油砂（万吨）	地热（立方米/日）
吉林	4.88	16633	805		2.61	13322	68808
黑龙江	36.68	31696	1344				
上海							
江苏	3.09	2048	22				15886
浙江	0.15	134					34594
安徽	57.25		0.24				169808
福建	1.92						80779
江西	1.84						151422
山东	32.85	26244	347		0.12		383285
河南	44.43	2877	61				24285
湖北	0.13	989	44				112296
湖南	2.57			1.51			43391
广东		15	1				185433
广西	1.51	142	1				5170
海南		559	19				81716
重庆		220	2563				92366
四川	10.78	641	16546	4.5			39608
贵州	137.3		6				71009
云南	67.13	10	0.47				10478
西藏	0.11						1445
陕西	290.97	35120	11770		1.33		81644
甘肃	40.38	48234	730		0.19		369332
青海	9.88	8565	1034				93544
宁夏	54.18	5680	932				
新疆	341.86	66957	11482	10.88	3.98	5530	8983

新疆主要矿产（非金属矿产）分布如图 2-1 所示。

新疆独特的地形地貌与自然环境，造就了新疆拥有丰富的化石能源、矿产资源、能源资源等，"四大煤田""三大油田""十八条大河""十大风区"和"四大太阳能资源带"中蕴藏着丰富的能源资源，其储量之丰富、品质之优良、开发条件之优越为全国所少有，是我国五大综合能源基地，承担着保障国家能源供应安全的战略任务，在我国能源安全战略中占有重要地位。新疆在确保全国能源安全供应的同时，正转变能源发展方式，调整优化能源结构，大力发展清洁能源，推进能源绿色发展。

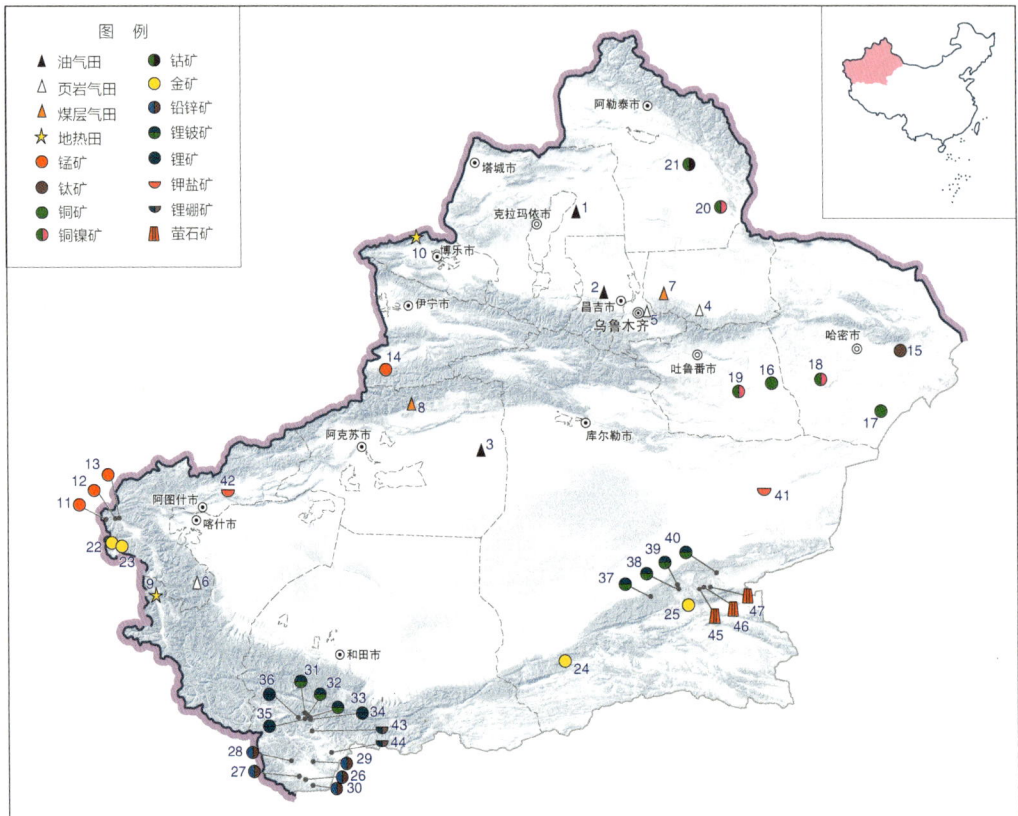

图 2-1　新疆能源及矿产资源分布图

2.2　一　次　能　源

2.2.1　新疆煤炭储量

1. 煤炭资源储量丰富

新疆是我国重要的煤炭资源接续区和战略性储备区，煤炭资源总体禀赋条件好，大多是整装待开发煤田，储量大、埋藏浅、开采条件好、煤炭种类齐全，是我国五大煤炭供应保障基地之一，承担着保障国家能源安全的战略任务。

新疆煤炭储量排全国第三。新疆预测煤炭资源储量远景位居全国之首，2000

米以上浅煤炭预测资源储量 2.19 万亿吨，占全国煤炭储量 5.56 万亿吨的 40%，累计查明煤炭资源储量 4500.4 亿吨，占全国查明煤炭资源量的 25%，位居全国第二位。

2. 煤炭开采成本较低

新疆煤炭资源具有煤层厚度大、煤层多、单位面积产能高、地质构造简单、瓦斯等有害气体含量低、地下水少等特点，发电条件良好，适合建设大型、特大型现代化安全高效矿井（露天），资源优势突出，开采成本低。

全区预测埋深 300 米以上浅煤炭预测资源量达到 2497 亿吨，2000 米以上浅煤炭资源量 2.19 万亿吨，约占全国 40%，位居全国第一位。

3. 煤种齐全煤质较好

新疆煤种比较齐全，总体以低灰、低硫、低磷、高中发热量的长焰煤为主，且埋藏浅、易开采，占全区预测总储量的 56.7%。

其次为中变质的不黏结煤和弱黏煤，是优质动力煤和化工原料煤，适合远距离输送的资源条件，主要分布在准噶尔、吐哈和伊犁地区平原地带，占全区预测总储量的 21.7%。

最后是炼焦煤，主要分布在天山北坡的准南煤田和南坡的库拜煤田，占全区预测总储量的 19%。

其他低变质烟煤占比 2.5%。

贫煤、无烟煤、褐煤很少，仅占 0.1%。

新疆煤炭品种占比如图 2-2 所示。

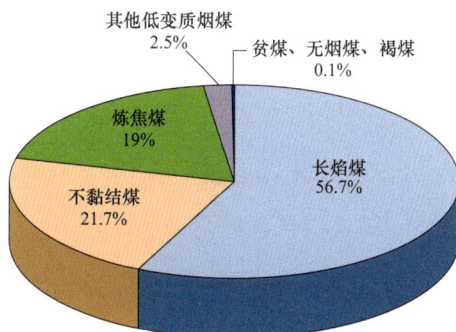

图 2-2　新疆煤炭品种占比图

需要特别说明的是，三塘湖、淖毛湖、黑山、克（布）尔碱等矿区大部分煤炭资源含油率在 10% 以上，是全国少有的富油煤资源。根据 2016 年全国矿产资源储量通报数据，新疆动力煤资源储量占其煤炭查明保有资源储量的 96%。

4. 煤炭呈地域性分布

新疆地区的地形特征总体可以概括为"三山夹两盆"：北有阿尔泰山，南有昆仑山，天山横贯中部，把新疆分为南北两部分，北部准噶尔盆地，南部塔里木盆地，天山东部和西部分别是吐哈盆地和被誉为"塞外江南"的伊犁谷地。

新疆煤炭资源的分布具有明显的地域性特征，主要分布在天山山脉以北的准噶尔盆地、塔里木盆地和天山山脉以南的昆仑山、阿尔金山地区以及吐哈盆地、伊犁谷地。同时，"北富南贫"区域分布特征突出，98%的煤炭资源分布于北疆，南疆煤炭资源仅占新疆煤炭资源总量的 2%，而且主要集中在阿克苏地区。这些地区的煤炭资源储量大、品质优，为新疆乃至全国的能源供应提供了有力保障。

（1）主要煤区。

1）准噶尔盆地。准噶尔盆地位于新疆北部，是新疆最大的煤炭产区，煤炭预测资源总量为 1.6 万亿吨，占全区煤炭预测资源总量的 73.1%。这里煤炭资源丰富，煤种齐全，主要有长焰煤、气煤、肥煤、焦煤等。准噶尔盆地的煤炭资源主要分布在昌吉回族自治州、伊犁哈萨克自治州、阿勒泰地区等地，伊犁煤田、昌吉煤田、阿勒泰煤田是准噶尔盆地的主要煤田。其中，昌吉煤田的煤炭资源储量最大，占准噶尔盆地煤炭资源总储量的一半以上。

2）塔里木盆地。塔里木盆地位于新疆南部，是新疆第二大煤炭产区，煤炭预测资源总量为 4500 亿吨，占全区煤炭预测资源总量的 20.6%。塔里木盆地的煤炭资源主要分布在巴音郭楞蒙古自治州、阿克苏地区、喀什地区等地，库车煤田、阿克苏煤田是塔里木盆地的主要煤田。主要以长焰煤、气煤为主，煤质较好，具有较高的开发价值。

3）吐哈盆地。吐哈盆地是新疆最重要的煤炭产区之一，盆地内煤炭资源丰富，预测资源总量为 1000 亿吨，占全区煤炭预测资源总量的 4.6%。煤炭主要分布在吐鲁番市、托克逊县、鄯善县、哈密市、巴里坤和伊吾县，哈密煤田是吐哈盆地的主要煤田，拥有多个大型煤矿。

4）昆仑山地区。昆仑山地区位于新疆西部，这里的煤炭资源主要分布在克孜勒苏柯尔克孜自治州、喀什地区等地。昆仑山地区的煤炭资源以长焰煤、气煤为主，煤质较好，具有较高的开发价值。

5）阿尔金山地区。阿尔金山地区位于新疆南部，这里的煤炭资源主要分布在和田地区、喀什地区等地。阿尔金山地区的煤炭资源以长焰煤、气煤为主，煤质较好，具有较高的开发价值。

6）伊犁河谷。伊犁河谷也是新疆重要的煤炭产区，预测资源量达 273 亿吨，占全区煤炭预测资源总量的 1.3%。主要分布在伊宁市、奎屯市、霍尔果斯市等地，这些地区的煤炭资源主要以褐煤为主，同时也有少量的烟煤和无烟煤。

7）准南煤区。新疆准南煤区乌鲁木齐河东矿区位于北天山博格达山北麓，毗邻乌鲁木齐和阜康市，西起乌鲁木齐河，东邻三工河，东西长约 42 千米，南北平均宽约 6 千米，面积约 0.7 万平方米。矿区按构造划分为北部单斜、八道湾向斜北翼、八道湾向斜南翼、白杨河—水磨河四个区块。含煤底层为下侏罗纪八道湾组和中侏罗纪西山窑组两个含煤组，煤层多，厚度大较稳定，结构较简单，层间距小，煤质较好，煤种齐全，区域配套好，保有资源储量达 274.30 亿吨，经远景调查，求得 D 级（333）资源量 132.74 亿吨，预测资源量 E＋F 级（334）3226.28 亿吨。

8）和丰—克拉玛依煤区。和丰—克拉玛依煤区位于克拉玛依市北部 90 千米，煤区东西长约 300 千米，南北宽 10～40 千米，呈东西分布，总面积约 1.5 万平方米，主要包括白杨河、和什托洛盖两个矿区。煤炭储量巨大，是自治区继三塘湖煤田、准东煤田之后的又一个特大型整装煤田，探明煤炭预测储量 694 亿吨。煤田开发条件优越，地处阿勒泰、克拉玛依及塔城地区中心地带，以戈壁荒漠地形为主，环境容量大，无搬迁压力，煤种煤质优良，适合现代煤化工，各煤层煤的焦油产率为 2.8%～10.6%，总平均 6.5%，开发以民用和动力为主。

9）焉耆煤区。焉耆煤区位于库尔勒市的北侧，预测资源量达 594.1 亿吨，保有资源储量为 8.36 亿吨。属低灰特低硫，高发热量煤，煤种以长焰煤、气煤为主。煤田含煤岩系为侏罗系中一下统水西沟群的上、下两个含煤组，煤层多，煤层厚度较薄，可采层数较少。该地区具有交通便利的优势，是开发环保型洁净煤的有利地区。

（2）四大煤炭基地。

2014 年以来，新疆规划确立了准东、吐哈、伊犁和库拜四大煤炭基地，主要用于煤电、煤化工行业，如图 2－3 所示。

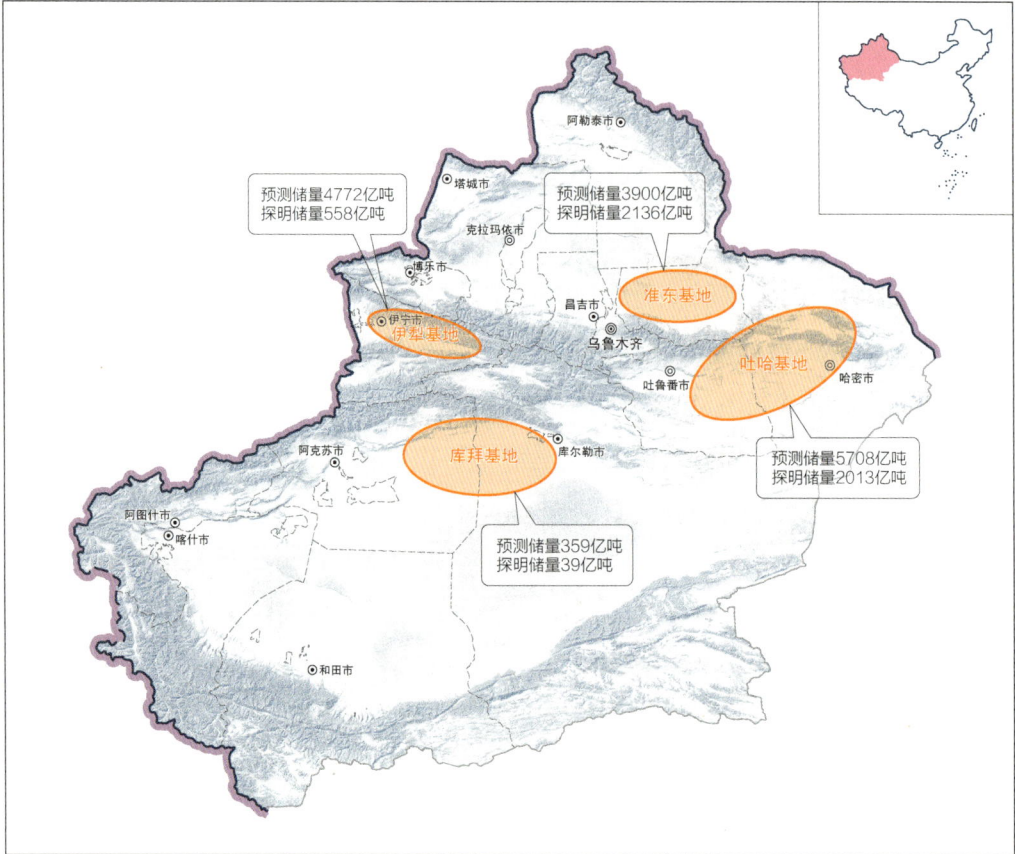

预测储量4772亿吨
探明储量558亿吨

预测储量3900亿吨
探明储量2136亿吨

准东基地

吐哈基地

伊犁基地

库拜基地

预测储量5708亿吨
探明储量2013亿吨

预测储量359亿吨
探明储量39亿吨

图 2-3　新疆四大煤炭基地资源情况

1）准东煤田。准东煤田是新疆四大煤田之一，西起昌吉州阜康市东界，东到木垒县老君庙，北到昌吉州北部边界卡拉麦里山南麓，南接古尔班通古特沙漠北缘，东西长约 220 千米，南北宽约 60 千米。预测煤炭资源储量 3900 亿吨❶，占全疆储量的 17.8%，占全国煤炭储量的 7%。基地内各矿区煤层赋存浅、开采技术条件好，外部供电、运输等条件基本具备，预测开采总规模 6.6 亿吨/年。该煤田的煤层结构较简单，埋藏浅，煤质较好，低灰、低磷、高发热量，是良好的动力、化工和民用煤，该地区又是新疆工农业区，经济较发达，交通便利，四通八达，煤炭开发利用前景十分广阔，尤其是今后环保型洁净煤开发的优选基地。

2）吐哈煤田。吐哈煤田位于吐鲁番盆地，煤炭主要分布在吐鲁番市、托克逊县、鄯善县、哈密市、巴里坤和伊吾县，含煤面积约 2.4 万平方米，预测煤炭

---

❶ 来源：《疆煤外运发展形势浅析》中提到，准东煤田预测煤炭资源储量 3900 亿吨、吐哈煤田 5700 亿吨、伊犁煤田 3000 亿吨、库拜煤田 1370 亿吨。

资源储量 5700 亿吨。基地内各矿区煤层浅、开采容易，有铁路和公路等交通网络，交通便利，规划开采总规模 1.6 亿吨/年。该煤田具有高热值、低灰、低硫、烟尘少、易粉碎的特点，目前已在许多工业和商业应用中得以广泛应用，在未来也有很大的潜力和发展空间。

3）伊犁煤田。伊犁煤田位于伊宁、霍城、察布查尔县等地，含煤面积约 1.1万平方米，预测煤炭资源储量 3000 亿吨。矿区煤层埋藏浅、开采技术条件好，外部供电、运输等条件基本具备，规划开采规模 5500 万吨/年。该煤田煤层煤质较好，低灰、低硫、低磷、高发热量，主要产煤种有烟煤、无烟煤、褐煤等，属优质动力、民用煤，适宜开发的环保型洁净煤，可以满足不同用途的需求。伊宁地区与哈萨克斯坦相邻，在煤炭开发上除满足本地区工农业的需求外还可西出国境走向国际市场。

4）库拜煤田。库拜煤田位于新疆天山南麓，塔里木盆地北缘，是南疆重要的煤炭基地，含煤面积约 0.6 万平方米，预测煤炭资源储量 1370 亿吨。煤层含气性及储层物性各项参数均有利于煤层气的富集和开采，是西气东输工程的主要气源。库拜煤田煤质好，煤种较全，低灰、低硫、高发热量，有气、肥、焦、瘦等各种煤类型，广泛应用于炼焦及动力、化工、民用等领域，矿区内交通便利，铁路、公路形成完善的交通网，煤炭开发利用前景较好。

2.2.2　新疆石油储量

1. 石油储量占比高

新疆石油储量排全国第一。我国石油整体贫乏，根据第三次资源评价报告显示，新疆地区石油远景资源量 213 亿吨，占全国主要含油气盆地石油资源量 20%。

根据自然资源部发布的《2022 年全国矿产资源储量统计表》显示，2022年全国石油总储量为 38.1 亿吨，新疆石油储量为 6.7 亿吨，占全国石油储量的18%，位居储量榜首。2022 年全国石油储量排行前十的省份（自治区、直辖市）见表 2-2。

表 2-2　　　　2022 年全国排名前十地区石油储量统计

排名	省（自治区、直辖市）	石油（万吨）
1	新疆	66956.82
2	甘肃	48233.81

排名	省（自治区、直辖市）	石油（万吨）
3	陕西	35120.11
4	黑龙江	31696.32
5	山东	26244.26
6	河北	24159.41
7	吉林	16633.44
8	辽宁	14182.94
9	内蒙古	12290.09
10	青海	8565.05

2. 石油资源类型多

新疆地区的石油资源类型多样，新疆既有常规石油，还拥有页岩油、油砂、煤层气等非常规石油资源，常规石油资源主要分布在塔里木盆地、吐鲁番盆地等地，而非常规石油资源主要包括页岩气、煤层气等，因新疆地区地质条件复杂多样性，存在多个石油富集区和构造带。

3. 石油分布不均衡

新疆石油资源的分布同样具有明显的地域性特征，主要分布在盆地地质构造带，且分布不均衡，主要分布在塔里木盆地、准噶尔盆地和吐哈盆地等地，其中以塔里木盆地最为集中，是中国最大的陆上油田，也是世界著名的油气富集区之一，南部地区相对较少。

新疆维吾尔自治区石油分布如图2-4所示。

（1）塔里木盆地油田。塔里木盆地位于新疆维吾尔自治区南部，地处亚洲大陆的中心地带，塔克拉玛干大沙漠中，东临天山山脉，西接帕米尔高原，南濒昆仑山脉，北靠阿尔金山，是世界上最大的内陆盆地之一。盆地东西长约1500千米，南北宽约600千米，总面积约为53万平方千米，占新疆维吾尔自治区总面积的三分之一。地貌以沙漠、戈壁为主，地势西高东低，海拔在800～1200米。盆地内河流稀少，主要有塔里木河、库玛河等，这一地貌特点让塔里木盆地在漫长的地质演变过程中逐渐形成了丰富的石油资源，成为了中国石油工业的重要基地，是我国陆上第三大油田，被誉为"中国的能源宝库"。

（2）准噶尔盆地油田。准噶尔盆地位于新疆北部，西北为准噶尔界山，东北为阿尔泰山，南部为北天山，是一个略呈三角形的封闭式内陆盆地，东西长700千米，南北宽370千米，面积13万平方千米。准噶尔盆地石油资源勘探潜

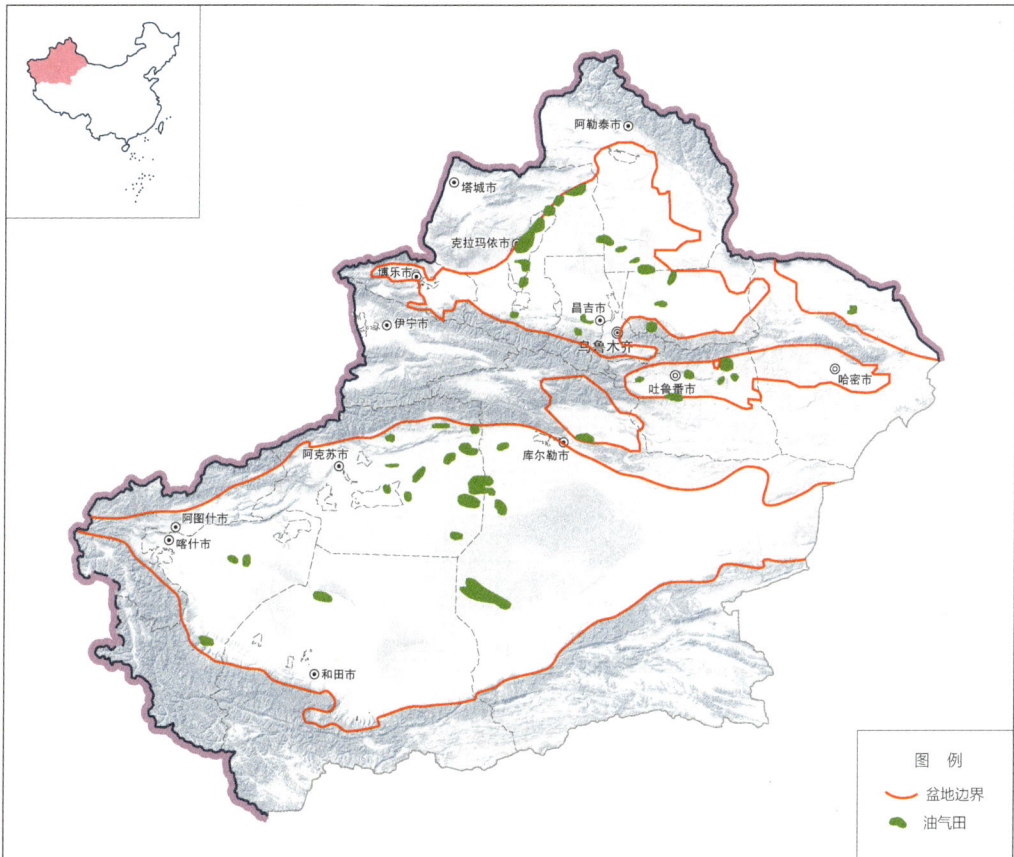

图 2-4　新疆维吾尔自治区石油分布图

力巨大，为我国陆上石油资源三大盆地之一。准噶尔盆地内新疆玛湖 10 亿吨级特大油田是近年来我国最大的油气勘探成果，成为当前国内最现实的增储上产接替区。

（3）吐哈盆地油田。吐哈盆地位于新疆吐鲁番市、哈密市境内，东西长 600 千米、南北宽 50～130 千米，面积约 5.3 万平方千米。吐鲁番哈密油田的石油资源丰富，主要储层为白垩系和侏罗系沉积岩，油气勘探开发历史悠久。该油田于 1955 年开始勘探，1960 年开始投产，迄今已经发现了多个大中型油气田，其中包括吐哈油田、吐哈Ⅱ油田、吐哈Ⅲ油田、吐哈Ⅳ油田等。吐哈油田是我国重要的陆上油田之一，其石油资源丰富，开发利用对于我国的能源安全和经济发展具有重要意义。

2.2.3　新疆天然气储量

1. 天然气资源丰富

新疆天然气储量排全国第三。我国天然气整体偏少，根据第三次资源评价报告显示，新疆地区天然气远景资源量 10.8 万亿立方米，占全国主要含油气盆地天然气资源量的 32%。

根据自然资源部发布的《2022 年全国矿产资源储量统计表》显示，2022 年全国天然气总储量 7.5 亿立方米，新疆天然气储量 1.1 亿立方米，占全国天然气储量的 15%，位居第三。在全国天然气储量排行前十的省份（自治区、直辖市）如表 2-3 所示。

表 2-3　　　　　　　2022 年全国排名前十地区天然气储量统计

排名	省（自治区、直辖市）	天然气（含页岩气、煤层气）亿立方米
1	四川	20362.33
2	陕西	11992.67
3	新疆	11482.11
4	内蒙古	10115.95
5	山西	4537.02
6	重庆	4317.79
7	黑龙江	1343.88
8	青海	1034.42
9	宁夏	931.94
10	吉林	804.53

2. 天然气田同油田

新疆天然气资源丰富，是我国天然气主产区之一，与石油分布相同，主要分布在三大盆地：塔里木盆地、准噶尔盆地、吐哈盆地。新疆天然气田分布主要受原型盆地和构造体系控制，即克拉通盆地古隆起、古斜坡、中新生代前陆盆地的逆冲带、断褶带和前陆斜坡，中小盆地坳中构造带。全国十大气田中新疆位列三席，分别是塔里木油田、克拉玛依油田和吐哈油田，特别是塔里木气田的天然气储量，已成为继四川、鄂尔多斯盆地之后全国第三大天然气区。

（1）塔里木油田。塔里木油田位于新疆南部，主要分布在库尔勒市、阿克苏地区、喀什地区和和田地区等地，是我国第四大陆上油田，是新疆最大的天然气产区，天然气预测资源量达 8.4 万亿立方米，被誉为"西气东输"的重要源头。

塔里木油田的开发利用，不仅满足了新疆及周边地区的能源需求，还通过

西气东输管道，将天然气输送到东部地区，为我国的能源结构调整和环境保护做出了重要贡献。

（2）克拉玛依油田。克拉玛依油田位于新疆北部，是中华人民共和国成立后发现的第一个大油田，是我国重要天然气产区之一，天然气资源丰富，储量大，品质优，是北疆能源的重要支柱。

克拉玛依油田的开发利用，不仅满足了新疆及周边地区的能源需求，还通过天然气管道，将天然气输送到其他地区，为我国的能源供应和社会稳定做出了重要贡献。

（3）吐哈油田。吐哈油田位于新疆东部，主要分布在吐鲁番市和哈密市，是我国重要天然气产区之一，天然气资源丰富，是海上丝绸之路的重要能源枢纽。

吐哈油田的开发利用，不仅满足了新疆及周边地区的能源需求，还通过天然气管道，将天然气输送到沿海港口，为我国的能源出口和国际贸易提供了有力保障。

2.3　可再生能源

新疆特殊的气候环境及地貌特征，造成可再生能源在时空及地域上都有不同特点。

水能、风能、太阳能等可再生能源是"双碳"背景下能源体系的重要组成部分，具有资源分布广、开发潜力大、环境影响小、清洁可永续利用的特点，是人与自然和谐发展的能源资源，开发利用可再生能源已成为世界各国保障能源安全、加强环境保护、应对气候变化的首要措施，也是我国应对日益严峻的能源及环境问题的必由之路。

2.3.1　水能随时空地域差距大

新疆水资源分布极不平衡，整体呈现"春夏多秋冬""北富南、西富东、山富盆"的时空及地域分布不均的特点。

1. 水资源分布广

新疆水能资源与地域有较大关系，南疆地区总量较丰富，北疆地区分布相对集中。主要集中于伊犁河流域、叶尔羌河流域、额尔齐斯河流域、和田河流域、喀什噶尔河流域、阿克苏河流域、开都河流域、渭干河流域和玛纳斯河流域等九大流域。新疆主要河流分布如图2-5所示。

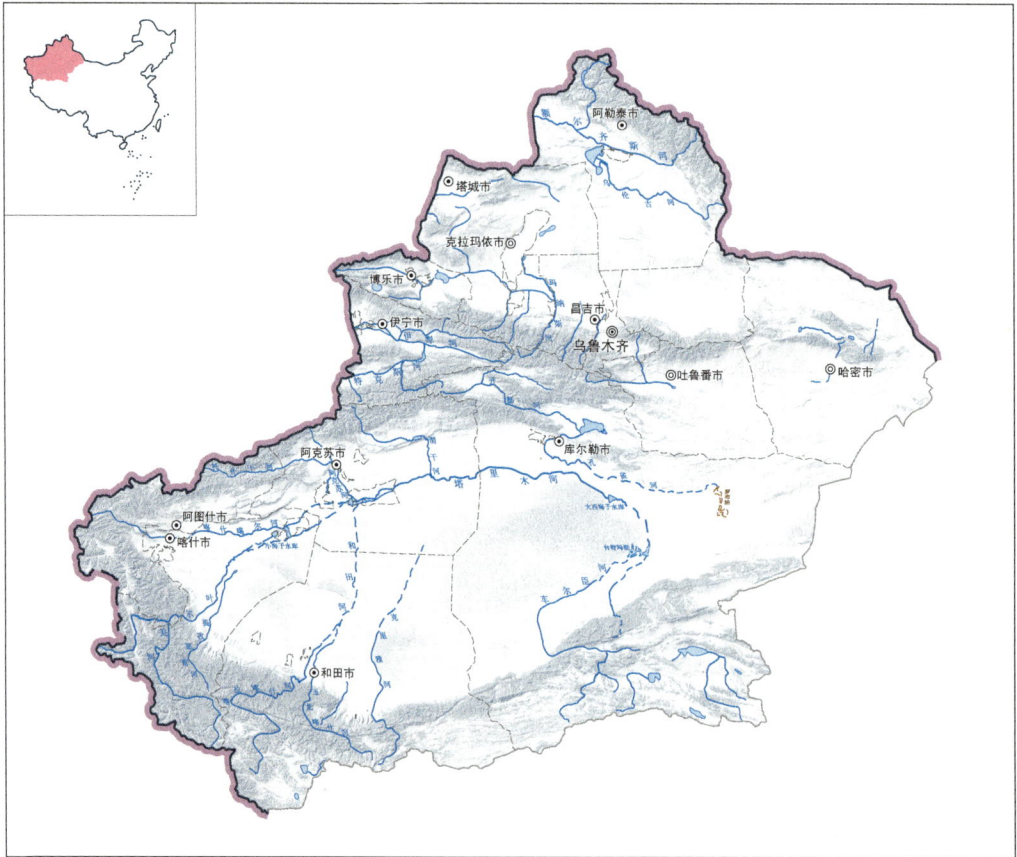

图2-5 新疆主要河流分布示意图

（1）伊犁河流域。伊犁河流域位于天山北支科古琴山—婆罗科努山与中支哈尔克山—那拉提山之间（流域中部有乌孙山脉等把流域分为不同板块）。新疆集水区面积约5.7万平方千米，占新疆面积3.5%；年径流量位居新疆第一，占新疆地表径流总量19%；年均径流深268毫米，为新疆平均值的5.7倍，接近于全国年均径流深值，在我国西北干旱区中伊犁河流域堪称相对湿润地区。伊犁河由喀什河、巩乃斯河、特克斯河等汇集而成，河水流入哈萨克斯坦的巴尔喀什湖，河道密布，滩地辽阔。

（2）叶尔羌河流域。叶尔羌河流域位于新疆维吾尔自治区的西南部，塔里木盆地的西南面，流域东靠塔克拉玛干大沙漠，西接布古里、托格拉克沙漠，

南以喀喇昆仑山为屏障，北与天山南麓余脉相毗邻，灌区东西两侧处在塔克拉玛干大沙漠与布古里、托克拉克沙漠的挟持之中，呈带状分布，宽 40~80 千米，长 400 千米。叶尔羌河流域灌区水资源开发历史悠久，现已发展成为我国第四大灌区，灌溉面积 753.39 万亩。

（3）额尔齐斯河流域。额尔齐斯河是我国唯一流入北冰洋的河流，它源出我国阿尔泰山西南坡，山间两支源头。喀依尔特河和库依尔特河汇合后成为额尔齐斯河，自东南向西北奔流出国，额尔齐斯河将喀拉额尔齐斯河、克兰河、布尔津河、哈巴河、别列则克河等北岸支流汇入后，流入哈萨克斯坦境内斋桑湖，再向北经俄罗斯的鄂毕河注入北冰洋。额尔齐斯河全长 4248 千米，在我国境内 546 千米，流域面积 5.7 万平方千米，额尔齐斯河河谷宽广，水势浩荡，水量仅次于伊犁河，居新疆第二位。水中多产鱼，接近边境处河面宽达千米，可通轮船。流域内众多的支流均从干流右岸汇入，形成典型的梳状水系。

（4）和田河流域。和田河位于塔里木盆地南部，全长 1127 千米，是昆仑山北坡最大河流，和田地势南高北低，南依昆仑山，北部深入塔克拉玛干沙漠，和田河是唯一从塔克拉玛干沙漠腹地穿过的河流。径流年际变化小，年内分配不均，夏季径流约占全年径流的 70%~80%。

（5）喀什噶尔河流域。喀什噶尔河是位于中国新疆塔里木盆地西部的一条内流河。喀什噶尔河发源于帕米尔与北部天山支脉阿里山，流经乌恰、疏勒、伽师、巴楚、阿瓦提等县。

（6）阿克苏河流域。阿克苏河位于塔里木盆地西部，塔里木河支流中水量最多的河流。有昆马立克河与托什干河两源，均出于天山西段。昆马立克河是主流，与托什干河汇合后称阿克苏河。昆马立克河流经石灰岩、白云岩山地，河水中带有大量的白色沙粒，水呈乳白色而得名为"白水"。流至阿克苏城被河床中一条带状沙洲分为两支，西支叫老大河，东支叫新大河。新、老大河在阿瓦提县以下重新汇合，向东南流与叶尔羌河相汇成塔里木河。

（7）开都河流域。开都河是新疆第四大河流，也是新疆巴音郭楞蒙古自治州境内的第一大河，发源于海拔 4000 米的依连哈比尔尕山，河流总落差 1750 米，多年平均径流量 33.62 亿立方米，主要由冰川雪水和地下水汇聚而成。

（8）渭干河流域。渭干河是新疆十一大河之一，是塔里木河的重要支流之一，又称龟兹川水。渭干河流域的各河流发源地是南天山的汗腾格里峰等及其分支。由木扎尔特河（发源于木扎尔特冰川）、克孜尔河（发源于汗腾格里峰）等六条支流汇合而成。渭干河流域的各河流发源地是南天山的汗腾格里峰汇及其分支，山势由西而东逐渐降低，以致降水减少和高山雪线上升，山区永久性冰川积雪量缩，西部河流是冰雪融水补给为主，东部河流是冰雪融水和降雨水混合补给为主。

（9）玛纳斯河流域。玛纳斯河位于准噶尔盆地南部，玛纳斯河发源于北天山中段依连哈比尔尕山乌代肯尼河的 43 号冰川，北流注入玛纳斯湖。上游水急多峡谷，下游平原坦荡，河曲发育。1949 年后兴修水库，渠灌事业迅速发展，成为著名的棉粮产地，也是我国著名的玛纳斯垦区所在地。源头区的冰川孕育着包括玛纳斯河在内的河流 800 条，冰川面积 608 平方千米，其中玛纳斯河是准噶尔内陆区冰川规模最大的一条河流。

2. 水资源储量大

新疆共有大小河流 570 多条，其中年径流量 10 亿立方米以上的河流有 18 条，径流量 517 亿立方米。湖泊面积 5504.5 平方千米，占全国湖泊总面积的 7.3%，居全国第四。冰川储量 2.58 万亿立方米，为全国冰川储量的 50%。水能资源理论蕴藏量达 38178.7 兆瓦。根据第四次《新疆维吾尔自治区水力资源复查成果（2003 年）》，境内共有河流 570 条，其中大部分是流程短、水量小的河流。年径流量在 1 亿立方米以下的河流有 487 条，占河流总条数的 85%，径流量共计 82.9 亿立方米；年径流量大于 10 亿立方米以上的河流共 18 条，占河流总条数的 3%，径流量共计 534 亿立方米。

3. 时空分布不均

新疆地区年平均降水量仅为 150 毫米左右，是全国最干旱的地区之一，水资源总量相对较少，且分布不均。最大的特点是径流年际变化不大，这与冰川融水补给的规律相符，但径流随季节变化很大，这主要与新疆的气候和地理特点有关。

新疆所有淡水资源主要来源于空中水汽，大气中源源不断流经新疆区域的水汽总量每年有 26000 多亿吨，而在地面形成的多年平均面雨量约为 2700 亿吨，即新疆地区上空的水汽输送条件较差，导致空气中的水含量较少。

新疆的冬季冷空气活动频繁，高空槽扫过提供的动力学条件，容易出现大量的降雪，当温度较低且湿层增厚时，可能引起较强的降雪，北疆的一些地方

如伊犁和阿勒泰以及富蕴县等地的降雪量尤为显著。冬季由于气温骤降，河流湖泊结冰封冻，水源减少。夏季雪山融化，冰川流淌，形成了众多的河流。冬季枯水期来水量往往仅为夏季丰水期的 10%～20%。因此，形成了"夏多于冬"的特征。

4. 地域分布不均

新疆拥有丰富的山脉、高原和盆地，由于其独特的地理位置和气候条件，新疆的水资源分布呈现出明显的山地特征。

新疆地表水资源量较为稳定，多年平均降水量 154.5 毫米，区内水资源总量 832 亿立方米，其中地表水资源总量 789 亿立方米，地下水天然补给量 43.3 亿立方米。在水资源循环途经过程中，地表水和地下水频繁多次转化，因此新疆地表水和地下水是不可分割的统一体[1]。

公开数据显示，2021 年全疆年降水量 2638 亿立方米，地表水资源量 767.8 亿立方米，地下水资源量 434.15 亿立方米，扣除地下水资源与地表水资源重复计算量 392.91 亿立方米，全疆水资源总量为 809.04 亿立方米，见表 2-4。

表 2-4　　　　　　　2021 年新疆行政分区水资源总量表　　　　单位：亿立方米

行政区名称	年降水量	地表水资源量	地下水资源量	重复计算量	水资源总量	占比
乌鲁木齐	28.12	10.43	5.71	4.736	11.41	1.41%
克拉玛依	6.80	0.04	2.06	1.686	0.41	0.05%
吐鲁番	30.00	5.03	5.56	4.105	6.48	0.80%
哈密	107.91	10.57	7.49	5.501	12.56	1.55%
昌吉	128.55	25.43	17.72	14.58	28.57	3.53%
博州	58.40	22.72	13.83	11.95	24.59	3.04%
巴州	397.91	114.87	65.45	61.84	118.48	14.64%
阿克苏	220.50	70.61	71.92	64.24	78.29	9.68%
克州	171.20	51.48	18.81	17.14	53.15	6.57%
喀什	266.13	74.53	47.99	45.49	77.03	9.52%
和田	437.34	108.22	45.59	41.65	112.17	13.86%
伊犁	785.59	273.87	132.03	119.99	285.9	35.34%
全疆	2638.45	767.80	434.15	392.91	809.04	/

---

[1] 资料来源：《科普新疆》。

从行政分区来看，伊犁地区水资源最丰富，占全疆水资源总量的 35%；南疆地区的巴州、和田均超过 10%，其次分别为阿克苏、喀什、克州占比较高；北疆地区除伊犁外水资源总量占比仅为 10%，其中吐哈地区不到 3%。整体来看呈现"北富南、西富东"特征。

新疆地区的水资源主要来自天山山脉的融雪水、降水和地下水。缺乏湖泊和水库等水体，水资源类型比较单一。

新疆的山脉众多，如天山、昆仑山、阿尔泰山，这些山脉为新疆提供了丰富的降水资源，当暖湿气流遇到山脉时，会形成降雨，使得山区的水资源非常丰富。山区降水是新疆地表水、地下水的同一水源，地表水出山口后通过河道、水库等不同途径入渗转化为地下水。受气候影响，降水较多的北部及西部径流和地下水均丰富，而干燥的东部及南部地下水贫乏。山前至盆地的第四系构造深厚，是储水能力强的"地下水库"，具有以丰补欠的调节功能。

从水资源分区来看，塔里木盆地、古尔班通古特荒漠区基本不产流，塔里木河干流区无地表及地下水资源占比可忽略不计；吐哈盆地、柴达木盆地水资源较少，占比不超过 4%；天山北麓、昆仑山北麓、阿尔泰山南麓占比达三分之一；塔里木河源流、中亚细亚内陆河等流域水资源较多。整体来看呈现"山富盆"特征。

水资源从绝对数量来看，新疆人均占有地表水是全国人均占有量的 2.4 倍，但单位面积产水模数为 5.06 万立方米/平方千米，仅为全国平均数的 16%，属水资源缺乏地区[1]。

2.3.2　风资源储量大分布广泛

新疆风资源极为丰富，由于其独特的地理环境，造成风向风速分布的多样性，是全国风能资源最丰富的省区之一。整体呈现"资源分布广""资源储量大""平均风速高""持续时间长"的特点。

1. 资源分布广

新疆最具有开发价值的风区主要有：乌鲁木齐达坂城风区、塔城老风口风区、额尔齐斯河河谷风区、十三间房风区、吐鲁番小草湖风区、阿拉山口风区、

---

[1] 资料来源：《新疆水资源开发利用支撑自治区经济社会可持续发展》。

三塘湖—淖毛湖风区、哈密东南部风区、罗布泊风区、准东风区等十大风区，如图 2-6 所示。

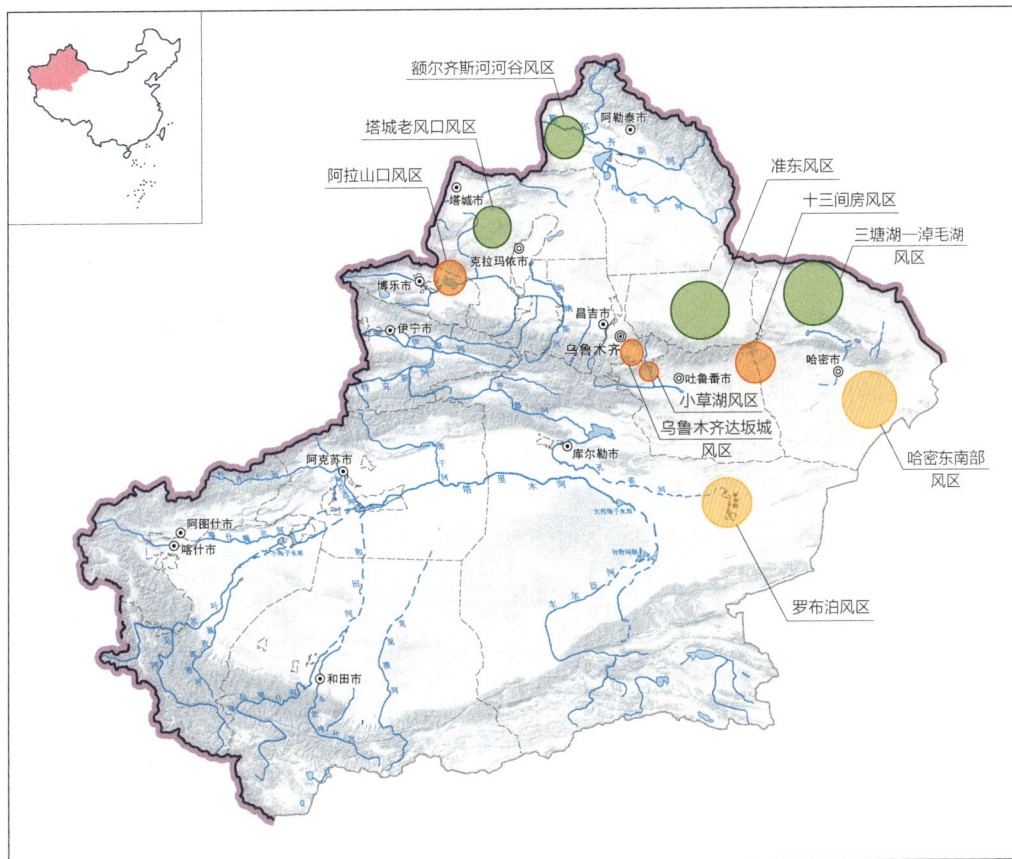

图 2-6　新疆十大风区分布情况示意图

（1）达坂城风区。达坂城风区位于东天山和博格达山南麓之间的谷地，呈西北东南走向，西北起乌鲁木齐乌拉泊，东南至达坂城山口，长约 80 千米，宽约 15～30 千米，海拔 1137～1150 米。这里是南北疆气流的通道，当冷空气来临时，北疆准噶尔盆地气压高于南疆，谷地盛行西北风，而当南疆气压高于北疆时，又常刮东南风。根据达坂城气象站数据，该风区年平均风速 6.0 米/秒，年平均风功率密度 329 瓦/平方米，年有效风速小时数在 6250 小时以上，是新疆风能资源最丰富的地区之一。全年风速起伏不大，风资源品质较好，主导风向为西北偏西和东南偏南风。年平均气温为 6.6 摄氏度，极端最低气温为 -31.9 摄氏度。达坂城某风电场如图 2-7 所示。

（2）阿拉山口风区。阿拉山口风区从哈萨克斯坦阿拉湖至我国的艾比湖区，长 100 余千米，宽 10 到 15 千米。山口位于谷道下风方向出口处，年平均风速 6 米/秒，5 月最大 8.1 米/秒，其他各月均在 5 到 8 米/秒。下风方以偏北风最多，冬季以偏南风最多。

（3）十三间房风区。十三间房风区又叫"百里风区"，位于新疆哈密市，位于兰新铁路哈密沙尔车站至鄯善小草湖车站间正好 100 千米，风力之大为全疆

图 2-7　达坂城某风电场

之冠、全国第二。十三间房风区是全疆著名的"百里风区"，多年平均风速达 8.46 米/秒以上，风能资源优良。它和吐鲁番北之"三十里风区"是我国铁路沿线两个风力最大的风区。

（4）小草湖风区。吐鲁番小草湖风区位于吐鲁番市，风区所在的地形地貌是沙漠荒漠地区，地面开阔，没有阻挡物，风力可以沿着盆地无阻碍地吹过来，从而形成了较为强劲的风速。达坂城至吐鲁番所处的新疆地区气候干燥，降水少，夏季气温高，冬季气温低，昼夜温差大，这种极端的气候条件也是形成强风的重要因素之一。

（5）塔城老风口风区。塔城老风口风区位于新疆塔城地区西北部，是塔城盆地东进西出与外界相联通的必经之路——"咽喉要道"，是我国和世界上罕见的暴风雪灾害区，同时也是"亚欧大陆内心"所在地。风区年均≥8 级大风 150 余天，最多 180 天，最大风速高达 40 米/秒，风速之高、移雪量之大，为世界所罕见。

（6）额尔齐斯河河谷风区。额尔齐斯河河谷风区位于额尔齐斯河的河谷地

带，该地区因为地势和气候条件的特殊性，形成了一种独特的风区现象。河谷地带的地势起伏和地形开阔，使得风力在这里增强并且频繁，常年都有较强的风速。加之该地区位于我国北方的干旱半干旱带，水分蒸发速度快，湿度较低，也为风区现象的形成提供了条件。额尔齐斯河河谷风区的季节变化也比较明显，冬季的风速较大，夏季相对较小。而每年春季到秋季是风的集中期，风速高峰时期多集中在 4～10 月。

（7）三塘湖—淖毛湖风区。三塘湖—淖毛湖风区位于巴音郭楞蒙古自治州和硕县境内，是世界上最大的风能资源区之一。这里地处塔克拉玛干沙漠边缘，气候干燥，风力资源丰富，这个区域年平均风速为 4.6～5.9 米/秒，盛行偏西风，年大风日（风力≥8 级）达到 116.6 天。因此，它被誉为"风的故乡"。它是哈密地区千万千瓦级风电基地规划重点建设的 3 个区域之一，规划开发场址区域面积约为 600 千米。

（8）哈密东南部风区。哈密东南部风区位在星星峡西北野马泉矿区南的山口—苦水烟墩—雅矿再向西直到沙尔湖南一带的广大地区，地处天山山脉与塔里木盆地的交汇处，地势复杂多样，气候条件独特。由于受到地形和季风的影响，哈密东南部风区形成了典型的干旱大陆性气候，四季分明，昼夜温差大，降水稀少，风力充沛。这里的年平均风速在 6.5 米/秒以上，最高风速可达 20 米/秒，具有极高的风能开发价值。

（9）罗布泊风区。罗布泊风区位于塔克拉玛干沙漠中心地带，是全球著名的强风区之一，该区域常年受到强烈的西北风和东北风的影响，风速极高，年平均风速为 7.8 米/秒。据统计数据，这个区域在 3～5 月是多风季节，6～8 月则进入大风季节，其中 8 级大风日数超过 60 天。因此，罗布泊的风具有任性、粗野和暴躁的特点。

（10）准东风区。准东风区位于新疆昌吉州境内，准噶尔盆地东南缘，距离乌鲁木齐市 200 千米，横跨昌吉州吉木萨尔、奇台、木垒县，东西长 220 千米，南北平均宽 60 千米，规划总面积 1.55 万平方千米。年平均风速为 4.8～5.1 米/秒，最大风速可达 28 米/秒，全年大于 3 米/秒的风速出现率为 67%。

2. 资源储量大

根据 2014 年全国风能资源详查和评价报告❶，新疆 70 米高度，潜在开发量

---

❶ 2014 年全国风能资源详查和评价报告。

≥200 瓦/平方米的风能资源技术开发量为 78256 万千瓦，技术可开发面积为 204770 平方千米。其中哈密北部地区 70 米高度，平均风功率密度几乎均大于 300 瓦/平方米，博格达山与巴里坤山之间山口地区的七角井一带平均风功率密度最大可以达到 600 瓦/平方米以上。

根据《中国风能资源评价报告》，新疆风能资源总储量 8.9 亿千瓦，约占全国的 20.4%，位居全国第二位。新疆风能资源可开发利用地区主要集中在十大风区，十大风区面积约为 7.78 万平方千米，经济技术可开发量约为 1.27 亿千瓦。新疆风能资源储量见表 2-5。

表 2-5　　　　　　　　　　　　新疆风能资源储量表

风区名	风功率密度>150 瓦/平方米的面积（平方千米）	风功率密度>150 瓦/平方米的储量（万千瓦）	技术可开发装机量（万千瓦）	经济可开发装机量（万千瓦）
达坂城风区	3650	800	600	412
阿拉山口风区	4601	960	750	750
十三间房风区	4852	1000	400	400
小草湖风区	3683	800	610	610
塔城老风口风区	4680	1070	840	840
额尔齐斯河河谷风区	12093	2000	1000	635
三塘湖—淖毛湖风区	41646	6240	4900	4897
哈密东南部风区	21803	2040	1600	1600
罗布泊风区	56305	7020	800	800
准东风区	13565	2500	1800	1800
合计	166878	24430	13300	12744

3. 平均风速高

新疆地区风能品质好，风频分布比较合理，破坏性飓风很少，但由于地域宽广，地形复杂，风能资源时空分布和地域分布极其复杂。

分地区来看，北疆风速大于南疆，山区风速大于盆地，高山风速大于中低山区，山口、峡谷、河谷多为风速大的区域。特别是北疆、东疆风口，风区年平均风速在 6 米/秒以上，其中阿拉山口、达坂城、十三间房最大风速超过 40 米/秒。新疆维吾尔自治区 70 米高度平均风速分布及 70 米高度平均风功率密度分布见图 2-8。

分季节来看，额尔齐斯河谷、伊犁河谷平均风功率密度冬季最大，夏季最

小；南疆北部、西部前山一带夏季最大，冬季最小；阿拉山口、小草湖、十三间房、老风口、三塘湖—淖毛湖、哈密东南部风区等地春季最大，冬季最小；玛依勒山、加依尔山与齐吾尔喀叶尔山等山地夏季最小，春秋冬季相当；达坂城风区秋冬季以河谷上游较大，春夏季以河谷下游较大。

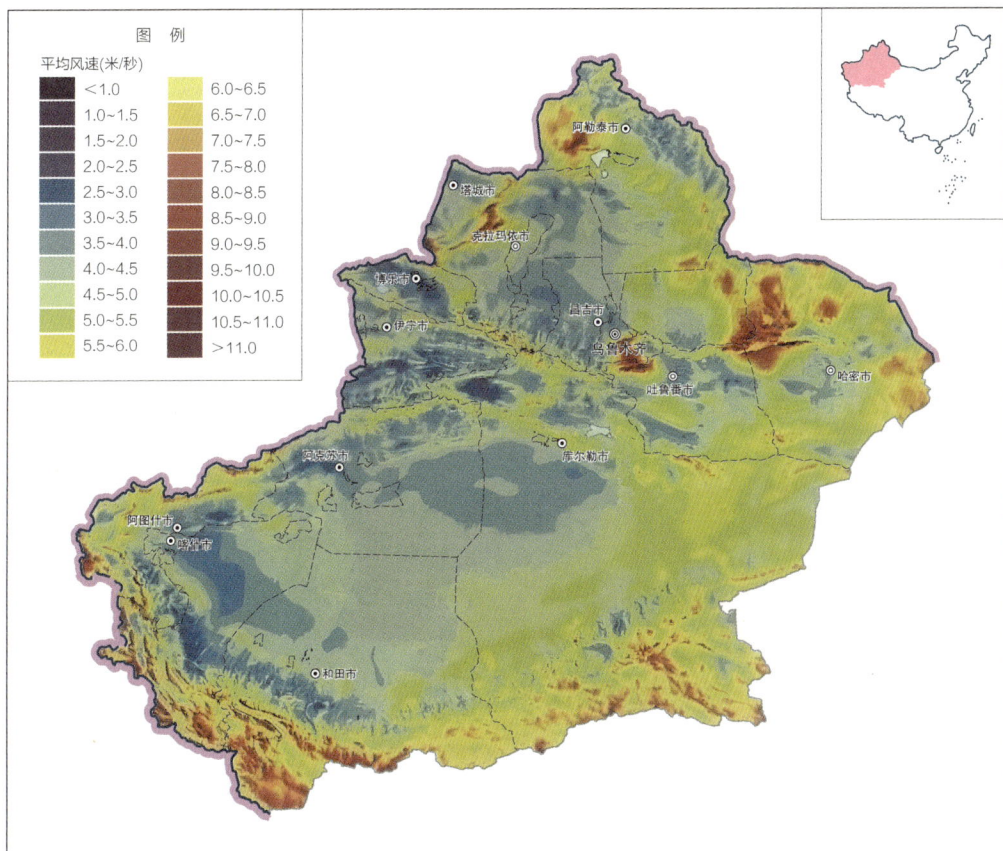

图 2-8　新疆维吾尔自治区 70 米高度平均风速分布图

4. 有效时长

新疆九大风区年平均风功率密度均在 150 瓦/平方米以上，年有效风速时间 5600~7300 小时。特别是北疆、东疆风口，年平均风速超过 6 米/秒的大风日数多达 100 天以上，其中，阿拉山口、达坂城、十三间房高达 150 天以上。

2.3.3　太阳辐射强日照面广

新疆太阳能资源极为丰富，由于其独特的地理环境，造成太阳能资源分布的多样性，是全国太阳能资源最丰富的省区之一。整体呈现资源分布广、资源储量大、太阳辐射强、日照时间长的特点。

1. 资源分布广

新疆太阳能资源，具有开发价值的主要分布于五大区域（天山南麓、天山北麓、东疆东部、北疆中部、北疆北部），依据太阳辐射量分为四个资源带，其太阳总辐射量见图 2-9。

（1）东疆东部为资源丰富带，年太阳总辐射量大于 6200 兆焦/平方米。

（2）天山南麓为资源次丰富带，年太阳总辐射量 5800～6200 兆焦/平方米。

（3）天山北麓为资源较丰富带，年太阳总辐射量 5400～5800 兆焦/平方米。

（4）北疆中部、北部为资源亚丰富带，年太阳总辐射量 5000～5400 兆焦/平方米。

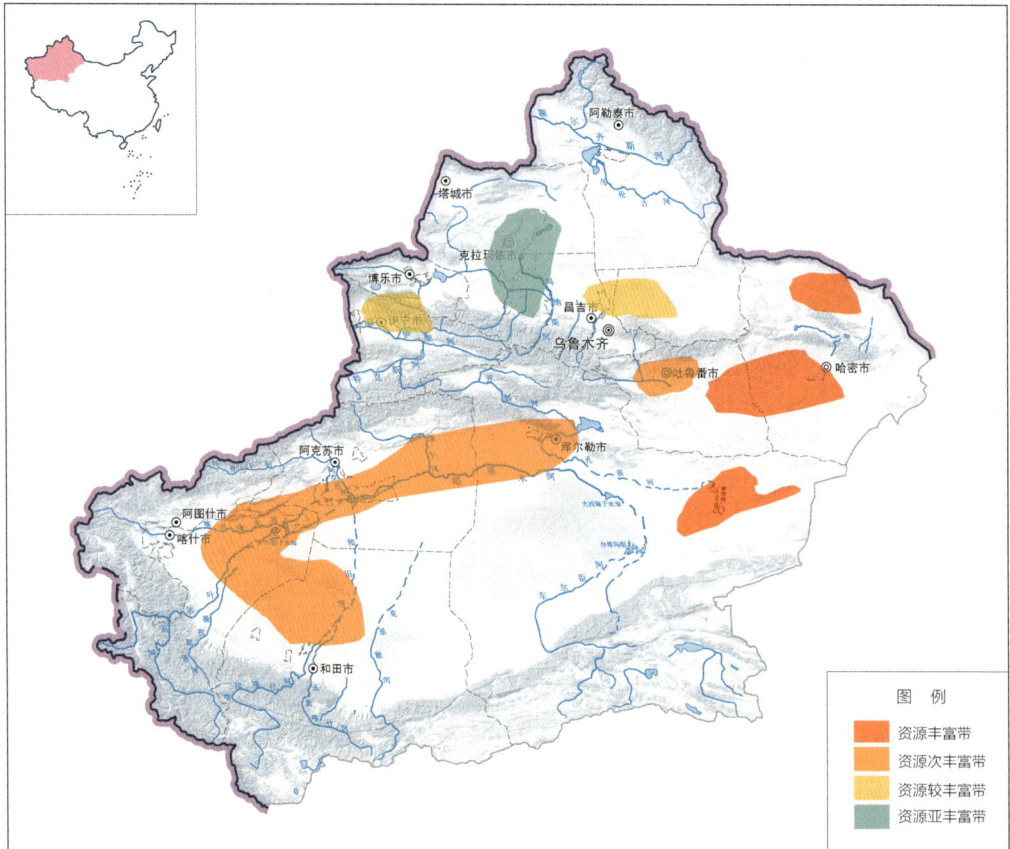

图 2-9 新疆四大太阳能资源带

从太阳能资源的分布来看，新疆太阳能峰值出现在东疆和南疆东部一带，低值出现在博州、阿尔泰和天山北麓部分地区，年总辐射照度的区域分布大致

由东南向西北不均匀递减，辐射峰值点一般分布在哈密一带。

2. 资源储量大

西北地区是我国太阳能资源总储量最大的地区，约占全国总储量的 34%，其中新疆、青海、甘肃储量较大，新疆太阳能资源储量占西北地区的 50%以上，是全国储量最大的省份。

目前新疆未利用土地总面积约为 1022083 平方千米，按照基本情景预测，新疆未利用土地的 10%用于开发光伏发电，按照新疆太阳辐射总量年平均值为 5800 兆焦/平方米计算，可开发储量不少于为 5.928×10^{14} 兆焦。可开发储量从区域考虑东疆地区太阳能资源开发潜力最大，其次是南疆地区；再次为北疆地区。

3. 太阳辐射强

新疆太阳能资源丰富区集中在东疆和南疆东部一带，年总辐射照度的区域分布大致由东南向西北不均匀递减。太阳年辐射照度 550 万～660 万千焦/平方米，年平均值为 580 万千焦/平方米，居全国第二位，具有很大的资源开发潜力。

太阳辐射季分布，冬季（每年 12 月～次年 2 月）太阳总辐射量最小，为 520～890 兆焦/平方米，占全年的 10%～16%。春季（3～5 月）太阳总辐射量为 1490～1930 兆焦/平方米，占全年的 28%～33%。夏季（6～8 月）太阳总辐射量最多，达 1800～2200 兆焦/平方米，占全年的 32%～39.6%，南北疆差异不明显。秋季（9～11 月）太阳总辐射量为 900～1450 兆焦/平方米，占全年总辐射量的 18.0%～23.5%。

从太阳辐射的成分看，新疆的直接辐射年总量为 2611～4033 兆焦/平方米，占太阳总辐射量的 45%～65%。北疆 3100～3800 兆焦/平方米，南疆 2500～3200 兆焦/平方米，东疆 3700～4000 兆焦/平方米。直接辐射量随季节变化明显，一般以 7 月或 6 月最多，12 月最少，最多月是最少月的 3～7 倍，纬度越高，直接辐射量的季节差异越显著。散射辐射年总量为 1800～3300 兆焦/平方米，占太阳总辐射量的 35%～56%。北疆小于 2000 兆焦/平方米；东疆哈密地区为 2000～2500 兆焦/平方米；南疆大多为 3000 兆焦/平方米左右，其南部最多达 3200 兆焦/平方米。从月份上看，5 月最多，为 248～403 兆焦/平方米；12 月最少，为 68～129 兆焦/平方米。

4. 日照时间长

新疆太阳能资源丰富，年日照时间长，因为新疆处于北半球，纬度大，夏季的白昼比低纬地区长，另外新疆降水少，晴天多，根据新疆各地州太阳辐射观测站年太阳总辐射数据分析，全疆日照百分率为 60%～80%，日照 6 小时以上的天数为 250～325 天，全年日照时数为 2550～3500 小时，日照气温高于 10℃的天数普遍在 150 天以上。

平均日照时数东疆为 3121.5 小时，位列全疆第一，其次是北疆 2703.3 小时，南疆为 2689.9 小时。

2.3.4 各类资源种类多潜力大

新疆面积广阔，自然资源丰富，除了煤、石油、天然气等一次能源和太阳能、风能、水能等常见新能源，还有前景广阔的生物质能、地热能等资源。

1. 生物质能

生物质能源是指可再生循环的有机物质，主要包括树木、农作物等植物及其残体、动物粪便和部分生活垃圾。生物质能发电是生物质能源当前最成熟、最普遍的利用技术方式。随着生态环境的恶化加剧、极端气候时有爆发、能源供应日趋紧张，生物质能源凭着其存储量丰富、来源广泛、可再生等诸多优点越来越受到重视。

新疆土地总面积大，境内地貌复杂多样，从东南到西北涵盖了北亚热带湿润区到高寒区、干旱区、荒漠区的各种气候类型，动植物品种繁多，生物质能资源比较丰富。主要有农作物秸秆、林木枝植和林业废弃物、畜禽粪便、能源作物、工业有机废水、城市生活污水和垃圾等。根据初步统计，新疆可转换为能源的生物质能资源总量约 8000 万吨，折合标准煤 3800 万吨。

2. 地热能

新疆境内自北而南横亘有阿尔泰山、天山、昆仑山三大山系，囊括准噶尔和塔里木两大内陆盆地及若干山间小盆地。这些晚近期构造运动极为强烈的山地和盆地蕴藏着丰富的中深层地热能资源。

目前，新疆共发现超过 53 处地热点，分为对流型隆起山地地热能资源和传导型沉积盆地型地热能资源。主要分布在阿勒泰地区富蕴县、福海县，伊犁州尼勒克县，博州温泉县，克州阿克陶县和喀什地区塔什库尔干县。

根据全疆地热资源调查评价工作成果，新疆中深层隆起山地型地热能资源热量为 1.41×10^{16} 千焦，折合标准煤为 4.7 亿吨，沉积盆地型地热能资源量为 9.62×10^{17} 千焦，折合标准煤为 328 亿吨。

2.4　新疆新型能源体系的构建基础

党的二十大报告指出："深入推进能源革命，加强煤炭清洁高效利用，加大油气资源勘探开发和增储上产力度，加快规划建设新型能源体系，统筹水电开发和生态保护，积极安全有序发展核电，加强能源产供储销体系建设，确保能源安全。"。国家发展改革委、国家能源局印发《"十四五"新疆能源高质量发展实施方案》中明确要求，以保障国家能源安全和提升新疆能源服务水平为目标，深入推进新时代国家"三基地一通道"建设，提高能源供应保障能力，推动能源高质量发展，均明确了新疆在全面建设社会主义现代化强国中的战略定位。

新疆地处我国西北边陲，亚欧大陆腹地地域广阔，是"丝绸之路经济带"核心区油气、风光能资源丰富，开发条件好是我国五大综合能源基地，承担着保障国家能源供应安全的战略任务，新疆在确保全国能源安全供应的同时，应转变能源发展方式、调整优化能源结构，大力发展清洁能源，推进能源绿色发展。按照国家"三基地一通道"的战略定位，围绕国家大型油气生产加工和储备基地、大型煤炭煤电煤化工基地、大型风电和太阳能发电基地、国家能源资源陆上大通道，先后建成一批能源资源开发转化、"疆电外送""西气东输"等重大工程，在满足新疆自身能源需求和节能减排需求的前提下将新疆丰富的风能、太阳能等可再生能源特高压直流打捆输送到中东部，推进新疆可再生能源积极参与全国电力市场平衡，促进中东部地区雾霾治理努力为我国应对气候变化、节能减排、调整能源结构做出更大的贡献，新疆能源供应保障能力显著提升，能源结构不断优化，为保障国家能源安全做出了重大贡献。

"十三五"期间，自治区煤炭行业全面贯彻"四个革命、一个合作"能源安全新战略，深入落实党中央、国务院重大决策部署，主动适应新常态，依托丰富的煤炭资源，坚持以建设国家大型煤炭煤电煤化工基地为着力点，在调整产业结构，优化产业布局，转变煤炭发展方式等方面取得了积极成效，提升了新疆在全国能源发展大局中的地位，凸显了新疆在保障我国能源安全中的重要作用，夯实了自治区煤炭工业高质量发展的基础。

2.4.1　大型油气生产加工和储备基地

新疆油气资源丰富，油气藏类型复杂多样，非常规油气资源总量庞大，实现非常规油气资源的有效开发，将有力推动新疆油气资源优势向经济优势转化。新疆已初步建成了我国西部重要的油气生产基地、特色炼油化工基地、工程技术服务保障基地和油气战略通道，构建了完整的油气产业链和以油气业务为支撑的服务链。未来新疆将继续在勘探开发、炼油化工、油气销售等多领域，推动当地油气当量在 5000 万吨以上持续稳定增长。

2.4.2　大型煤炭煤电煤化工基地

新疆地区煤炭资源丰富，煤炭资源储量为 2.19 万亿吨，约占全国煤炭资源预测储量的 40%，居全国首位。已探明多个百亿吨级的煤田，主要有准东、沙尔湖、托里—和什托洛盖、大南湖—梧桐窝子、伊宁、三塘湖—淖毛湖等煤田，新疆大力实施优势资源转换和大企业大集团战略，鼓励煤炭企业兼并重组和资源整合，鼓励发展煤电、煤化一体化，吸引了一大批具有较强经济和技术实力的大型煤炭企业集团进驻，煤化工产业初具规模，示范项目平稳运行，具备良好产业发展基础。

2.4.3　大型风电和太阳能发电基地

新疆是我国大型光伏发电基地之一。新疆风能、太阳能资源储量极为丰富，是全国资源最丰富的省区之一。根据《中国风能资源评价报告》，新疆风能资源总储量 8.9 亿千瓦，约占全国的 20.4%。新疆全年日照时间较长，年总日照时数达 2550～3500 小时，太阳年辐射照度 550 万～660 万千焦/平方米，太阳能资源储量居全国第二位，具有很大的资源开发潜力。新疆可开发利用风能资源集中在九大风区，太阳能资源丰富区集中在东疆和南疆东部一带，年总辐射照度的区域分布大致由东南向西北不均匀递减。例如哈密市丰富的风能、太阳能资源禀赋和地理区位优势，积极打造哈密另一个千万千瓦级新能源发电基地，实现新能源规模化、集约化开发利用。规划到 2035 年,哈密市风电装机规模达到 3700

万千瓦（其中疆内消纳 2260 万千瓦、外送 1440 万千瓦）；光伏装机规模达到 1900 万千瓦（其中疆内消纳 1615 万千瓦、外送 285 万千瓦）；准东新能源基地风电累计并网容量为 405 万千瓦（全部外送）；光伏累计并网容量为 255 万千瓦（其中疆内消纳 32 万千瓦、外送 223 万千瓦）。

2.4.4　国家能源资源陆上大通道

新疆依托"一带一路"核心区区位优势，立足"三基地一通道"（大型油气基地、大型煤炭煤电煤化工基地、大型清洁能源基地、国家能源资源陆上大通道）战略定位，通过资源开发、产业升级和通道建设，逐步构建了多能协同、绿色低碳的现代能源体系。

新疆是保障国家能源安全的重要基地，新疆将坚持以推动高质量发展为主题，以能源绿色低碳发展为方向，以保障能源安全为目标，以新能源产业发展为重点，以改革创新为动力，处理好整体和局部、长远目标和短期目标的关系，大力发展油气生产、煤炭化工、绿色矿业、新能源产业集群，加快构建清洁绿色、安全高效的能源体系，全力保障能源安全，充分发挥新疆地区煤炭等资源和产业在全国经济大局当中的重要作用。

"双碳"目标背景下，新疆地区煤炭产业的发展需要紧贴国家发展战略。煤炭资源的清洁利用成为重要的发展方向，新疆的煤炭资源可以通过采用先进的清洁煤炭技术进行高效利用，减少污染物的排放，提高能源利用效率。

新疆地区具有丰富的风能和太阳能资源，可以将煤炭与可再生能源进行混合发电，提高能源供应的可持续性。新疆的煤炭资源还可以用于发展煤制氢和煤制油等技术，煤制氢和煤制油技术可以将煤炭转化为清洁能源和化工原料，减少对传统石油和天然气资源的依赖，推动能源结构的多元化发展。

第3章 新疆新型能源体系发展现状

3.1 新疆资源开发概况

随着新疆经济的飞速发展，能源供需矛盾日益凸显，特别是在能源领域，我国提出了能源资源多元化、地理布局合理化以及能源供需国际化的原则，因此新疆正在成为一个备受瞩目的能源资源宝库。同时新疆也是一个至关重要的能源枢纽中心。

1. 能源资源宝库的巨大开发潜力

新疆在能源资源的开发和利用上潜力巨大，这不仅推动了新疆的经济发展，也为我国的能源供应提供了重要保障，国家确定的"三基地一通道"建设也是基于新疆能源资源宝库的作用。

近年来，新疆充分发挥能源资源宝库作用，在能源资源开发方面取得了显著成果。

在煤炭方面，新疆已经成为全国最大的煤炭生产基地之一，已探明储量占全国的四分之一以上。然而，目前新疆煤炭资源的开采利用率仅为 30%左右，远低于全国平均水平。随着国家对煤炭资源的保护和合理利用政策的实施，新疆煤炭资源的开发将逐步加快，煤炭产量逐年攀升，未来几年内有望实现煤炭资源的大规模开发。

在石油和天然气方面，已探明储量分别占全国的三分之一和四分之一。然而，目前新疆石油和天然气资源的开采利用率分别为 60%和 40%，仍有较大的开发空间。随着国家对石油和天然气资源的加大投入，新疆石油和天然气资源的开发将进一步加快，未来几年内有望实现石油和天然气资源的大规模开发。

在新能源方面，新疆已成为全国最大的风能和太阳能发电基地之一。然而，

与新疆丰富的风能、太阳能资源相比，其开发利用程度仍然较低。随着国家对可再生能源的大力支持，新疆风能、太阳能等可再生能源的开发将进一步加快，未来几年内有望实现可再生能源的大规模开发。

2. 能源枢纽中心的突出地位优势

新疆位于我国西北边陲，地处亚欧大陆的腹地，是我国连接中亚、南亚、西亚和欧洲的重要通道。近年来，新疆加大了基础设施建设的投入，交通、通信、水利等方面的建设取得了显著成效，现已经形成了以铁路、公路、航空为主体的立体交通网络，为能源枢纽中心的建设提供了便利条件。此外，新疆还加强了与周边国家的能源合作，建设了一批跨国能源通道，为新疆能源枢纽中心的建设提供了有力支撑。国家将新疆确定为"一带一路"核心区也是基于新疆能源枢纽中心的作用。

新疆充分发挥能源枢纽中心作用，利用与我国中东部省份、周边国家的能源互补性强这一特点，在能源资源高效利用，降低能源运输成本方面取得了显著成果，提高能源供应的稳定性和安全性。

"十四五"以来，新疆着力增强能源生产保障能力，充分发挥煤炭"压舱石"作用，不断提升油气勘探开发力度，大力发展多元清洁供电体系，有力保障了经济社会稳定发展和持续增长的民生用能需求。原煤、原油、天然气、电力生产增速均实现不同程度增长。

3.2　一次能源开发利用情况

能源是经济社会发展的重要物质基础和动力源泉，攸关国计民生和国家安全。为满足经济社会发展需求，应开发利用好一次能源，发挥煤炭兜底保障作用，加快支撑性、调节性电源建设，加大油气勘探开发力度，积极稳妥推进水电、核电等重大工程实施，确保能源供应安全稳定。

1. 一次能源生产总量快速提升

"四个革命、一个合作"能源安全新战略提出以来，新疆能源生产供应能力快速提升，一次能源生产总量从 2014 年的 19473 万吨标准煤提高到 2022 年的约 40569 万吨标准煤，年均增速 9.6%，高出同期全国一次能源生产总量年均增速 6.4 个百分点。2023 年，原煤、原油、天然气产量分别达到 4.57 万吨、3270.09 万吨、417.27 亿立方米，同比增长分别为 1.7%、1.6%、2.5%；发电量 4912.1 亿千瓦时，同比增长 4.5%。

2. 能源消费需求持续刚性增长

"十四五"以来，新疆一次能源消费总量从 2014 年的 14926 万吨提高到 21456 万吨，年均增速 5.3%，高出同期全国一次能源消费总量年均增速 2.3 个百分点。煤炭、石油消费量分别达到 29342 万吨、1528 万吨，分别较 2014 年增长 82.4%、20.3%；天然气消费量 153 亿立方米，较 2014 年下降 10.0%。2022 年，全社会用电量 3466 亿千瓦时，较 2014 年增长 82.4%，人均生活用电量 653 千瓦时/人，比全国平均水平低 182 千瓦时/人。

3. 能源外送规模扩大进口平稳

能源外送规模持续扩大，进口量总体平稳。2021 年，区外综合能源调配量约 25775 万吨标准煤，约占全国能源消费总量的 4.9%，较 2014 年提高 0.5 个百分点。其中，煤炭外运量 4007.9 万吨，较 2014 年增长 2064 万吨，煤炭主要销往甘肃、宁夏、青海等地区；石油外输量 2638 万吨，输油规模稳步回升，油品主要销往东中部地区；天然气外输量 578 亿立方米，较 2014 年增长 171 亿立方米，天然气主要销往东中部地区，惠及京津冀、长三角、珠三角等区域及管道沿线近 5 亿人口。2023 年，外送电量 1262 亿千瓦时，截至 2023 年年底，新疆累计外送电量超过 7000 亿千瓦时，新能源外送电量超过 2100 亿千瓦时，占到总外送电量的近三成。2021 年，新疆主要进口原油 1104 万吨、进口天然气 319 亿立方米。近年来，原油进口量稳中有升，天然气进口量小幅波动。

3.2.1 煤炭

新疆煤炭资源的开发利用历史悠久，早在 20 世纪 50 年代，新疆就开始进行大规模的煤炭开采。近年来，随着新疆经济社会的快速发展，煤炭需求不断增加，围绕新时代国家"三基地一通道"建设，新疆煤炭资源的开采力度也在不断加大。

目前，新疆已经成为全国重要的煤炭生产基地之一，新疆煤炭预测资源量 2.19 万亿吨，占全国的 40%，居全国第一。煤炭产量逐年攀升，构建了"两主两翼一环"的产业集群发展布局，煤炭煤电供应保障能力显著增强，大型煤炭煤电煤化工基地初具规模，在全国能源体系中的重要地位日益凸显，成为保障全国能源安全稳

定供应提供重要支撑。"十四五"以来，全区煤炭先进产能加快释放，产能产量实现快速双增长。总体上看，新疆的煤变异程度相对较高、发热量高，属于优质动力煤、煤化工煤制油用煤，是全国第四大产煤省区。近年来，新疆重点建设了准东、吐哈、伊犁、库拜四大煤炭基地，大力发展煤电煤化工产业，促进传统产业升级。

1. 煤炭产量稳步提升

新疆煤炭预测资源量为 2.19 万亿吨，占全国的 40%，这为新疆煤炭产量的增长提供了丰富的资源基础。近年来，新疆煤炭产量呈现显著增长。2023 年，新疆煤炭产量 4.13 亿吨，同比增速 28.6%，2023 年，新疆实现煤炭产量 4.57 亿吨，同比增速 10.7%，占全国煤炭产量（46.6 亿吨）比重 9.8%，位居全国第四位。

2. 煤炭开发优化布局

近年来，新疆构建"两主两翼一环"的产业集群发展布局（见图 3-1），"两主"：准东煤炭煤电煤化工基地、吐哈煤炭煤电煤化工基地；"两翼"：伊犁煤电煤化工基地、准北煤炭煤电基地；"一环"：环塔里木煤电煤化工产业条带。

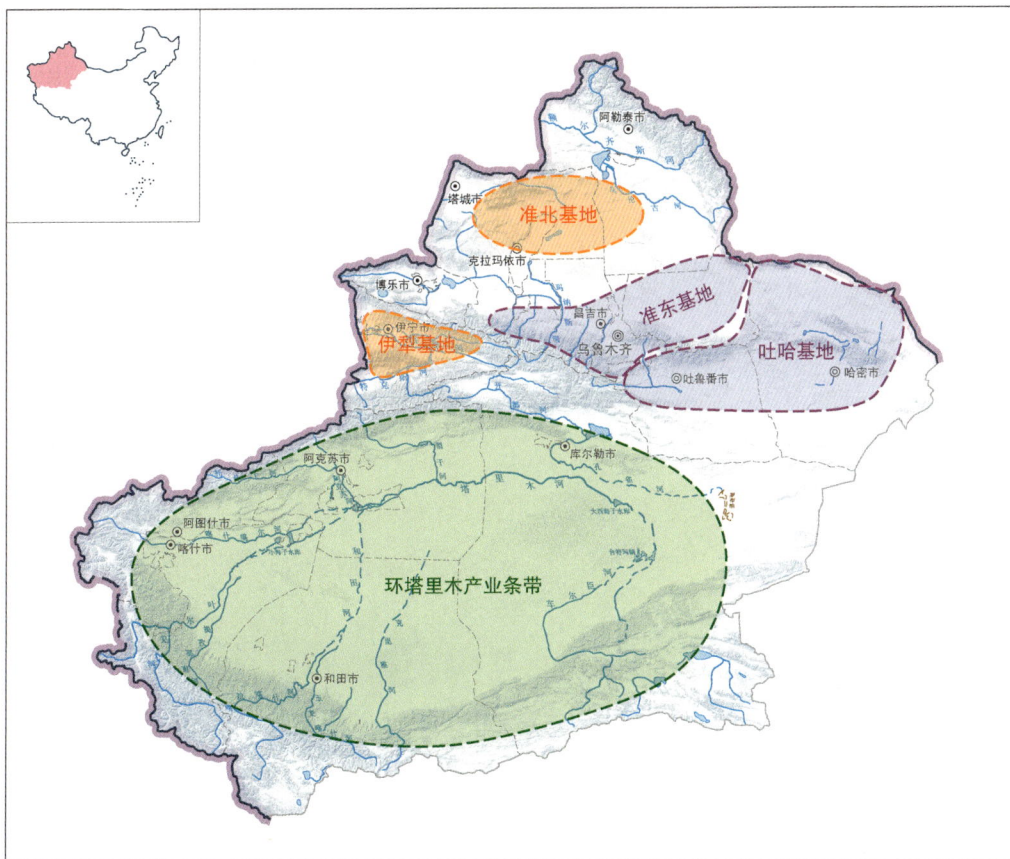

图 3-1 新疆煤炭"两主两翼一环"布局图

（1）准东煤炭煤电煤化工基地。准东煤炭煤电煤化工基地位于新疆维吾尔自治区东部，是我国重要的煤炭资源基地之一。基地煤炭资源丰富，品质优良，具有低灰、低硫、高热值等特点，是理想的清洁能源。同时，基地开发条件优越，交通便利，距离我国经济发达的东部地区较近，便于煤炭的运输和销售。因此，准东煤田具有巨大的开发潜力和优势。

准东煤炭煤电煤化工基地的大规模开发利用始于煤电煤化工产业，并已经吸引了众多特大型企业的投资，此外，国内五大电力龙头企业以及中国神华能源股份有限公司、山西潞安矿业集团有限责任公司等四十多家国内煤炭行业重点企业也都聚集在昌吉准东从事煤炭开发。

2023 年数据显示，准东开发区规划建设的大中型煤矿项目总计 21 个，总核定产能超过 1 亿吨/年，使得煤炭产量占全疆四成。而在新一轮的开发计划中，预计会有 12 个新的煤电煤化工项目启动，其中包括 4 个煤矿项目、3 个煤电建设项目和 5 个煤化工项目，这些项目的开展将进一步推动准东煤田的产量提升，预计将突破 3000 万吨。

在交通建设方面，准东公路和乌准铁路的投入运营大大提高了运输效率，乌鲁木齐北站到五彩湾矿区的铁路已经通车，年货运能力为 1500 万吨。

（2）吐哈煤炭煤电煤化工基地。吐哈煤田是我国重要的煤炭产区，主要分布在三道岭、沙尔湖、大南湖、三塘湖、淖毛湖、野马泉和巴里坤矿区。煤田内的含煤以侏罗系下统八道湾级和中统西山窑组为主，煤层众多，厚度大且稳定，结构相对简单。

在开发利用上，吐哈煤田被定位为"西煤东运"的大型煤炭基地，结合"疆煤外运"基地建设，在哈密地区开发了三塘湖、淖毛湖、巴里坤、大南湖西区等矿区，在吐鲁番地区开发了库木塔格、沙尔湖、克尔碱、艾丁湖等矿区，不仅满足当地生产及生活用煤，而且为我国东部地区的能源供应提供了重要保障。

吐哈煤田大力推动"疆电外送"建设，结合既有哈密—郑州±800 千伏特高压直流输电通道和在建哈密北—重庆±800 千伏特高压直流输电通道和吐鲁番、哈密及南疆电力需求，在大型煤炭产区布局先进坑口煤电，实现煤电联营；在风光资源丰富地区布局调节煤电，推动风光火储一体化开发与外送。

吐哈煤田立足国家煤制油气战略基地定位，在哈密地区发展煤炭分质利用、

现代煤化工、煤制燃料等产业；在吐鲁番地区发展煤炭分质利用、焦油加氢、焦粉气化及下游产业集群。其中煤炭分质利用包括热解、焦煤加氢、焦粉气化及下游现代煤化工；现代煤化工包括煤制烯烃、芳烃、乙二醇及下游延伸；煤制燃料包括煤制油、煤制气等。

在交通建设方面，吐哈煤田的位置优越，这为煤炭的运输提供了便利条件，特别是对于实施"西煤东运"策略具有重要作用。

（3）伊犁煤电煤化工基地。伊犁煤田位于伊犁盆地，是新疆北疆的主要煤炭产区之一。伊犁哈萨克自治州坚持生态优先，是新疆重要的煤炭资源之一，煤层质量优良，具有低灰、低硫、低磷的特点，高发热量使其成为优质的动力煤和民用煤，非常适合开发环保型洁净煤。伊宁地区与哈萨克斯坦相邻，这为煤炭开发提供了便利的出口条件，除了满足本地区工农业的需求外，还可西出国境走向国际市场。

（4）准北煤炭煤电基地。准北煤田是新疆北疆的主要煤炭产区之一，是新疆重要的煤炭资源之一，煤层质量优良，具有低灰、低硫、低磷的特点，高发热量使其成为优质的动力煤和民用煤，非常适合开发环保型洁净煤。

3. 煤炭消费持续增长

2023 年新疆煤炭消费量为 3.32 亿吨，同比增长 4.1%，煤炭消费量占能源消费总量的 56.2%，比上年上升 0.3 个百分点。过去十年，煤炭消费量占一次能源消费比重下降了 11.2 个百分点。2023 年新疆煤炭消费仍然是以疆内自用为主。2023 年新疆煤炭产量的 75%用于疆内使用，煤炭占新疆能源消费结构的 70%左右。从行业来看，煤炭消费主要集中在煤电和煤化工领域，约占煤炭消费量的 70%。

从主要耗煤行业分析，发电用煤方面，根据中国电力企业联合会发布的最新数据表明，2022 年新疆煤电发电量为 3300 亿千瓦时，同比增长 0.7%。非电用煤方面，钢铁和建材行业是煤炭的两大下游行业，主要产品分别为钢铁和水泥。国家统计局数据显示，2022 年，新疆粗钢产量 10.13 亿吨，同比下降 2.10%；新疆水泥产量 21.2 亿吨，同比下降 10.80%。钢铁和水泥产量不同程度下降，对煤炭需求减弱。此外，根据中电联发布的最新数据，2022 年化工行业用电量同比增长 5.2%，对用煤需求有一定提振。2016—2023 年新疆煤炭消费量如图 3-2所示。

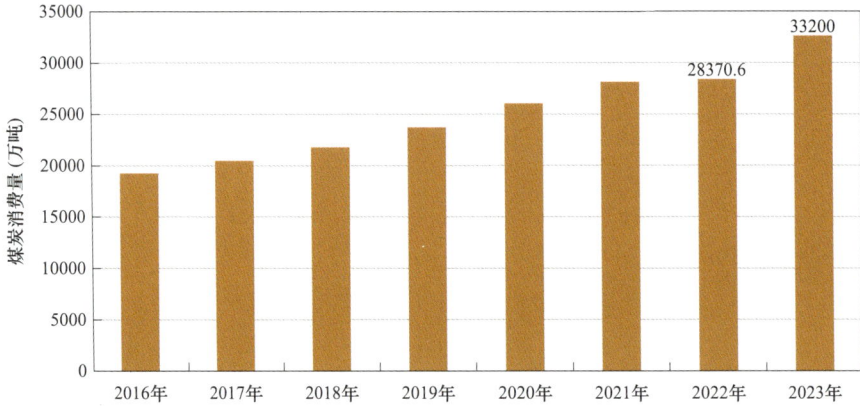

图 3-2　2016—2023 年新疆煤炭消费量

4. 行业景气保持高位

自 2021 年起,受国际能源价格大涨等多重因素叠加影响,新疆煤炭行业由重点疆内利用逐渐走向全国。据统计,2023 年疆煤外运量突破 1 亿吨,与上一年相比增长了 26.7%,这一数据表明了新疆煤炭外运量的显著增长,随着疆煤外运通道的建设工作的持续推进,疆煤的外运量和影响力都在逐渐增加。未来几年,新疆煤炭产业将继续保持快速增长的态势。

另一方面,随着"双碳"目标的提出,现阶段为碳达峰上升期,煤电大规模建设,煤电作为疆电外送的基础保障电源也在持续推进。整体来看,新疆煤炭依然占主导地位,行业景气依然保持高位。

新疆地处丝绸之路经济带核心区,"一带一路"倡议的实施为新疆煤炭资源开发带来了新的发展机遇,通过加强与共建"一带一路"国家的能源合作,新疆煤炭资源正逐步走向世界。

5. 煤炭产业集群发展

2014 年以来,新疆规划确立了四大煤炭基地,全区 2023 年生产煤炭 4.57 亿吨,同比增长 10.7%,产量位居全国第四,仅次于山西、陕西、内蒙古。从行业来看,新疆煤炭消费主要集中在煤电和煤化工领域。煤电、煤化工用煤量占新疆煤炭消费量超 70%。

(1)煤电发展。煤电方面,主要分布在乌鲁木齐、五彩湾和哈密周边,主要作用是疆内自用和疆电外送。2015—2023 年间,全疆煤电装机容量从 3768 万千瓦增长到 6600 万千瓦,约占自治区总发电装机的 57%,煤电行业得到了快速发展;发电量超过 2300 亿千瓦时,同比增长 3.9%,位居全国第一位;火电

耗煤约为 1.5 亿吨，占全区煤炭消费总量的 57%。

（2）煤化工发展。煤化工方面，随着全球经济的发展，煤化工行业逐渐成为各国的重要产业之一。新疆是中国煤化工产业发展的重要地区，拥有丰富的煤炭资源，为煤化工行业的发展提供了得天独厚的条件。

新疆立足煤炭，煤电，发展煤炭清洁高效利用新模式，煤炭与石油、天然气等化石能源，风光新能源的耦合互补利用，耦合发电、耦合燃烧、耦合化学转化。实现煤化工生产过程的清洁替代，绿色煤化工产品制造。积极推进绿色煤化工园区示范建设，促进煤炭勘探开发与新能源技术融合、应用方式创新。

目前，新疆煤化工行业已经形成了一定的规模，拥有一批技术力量较强，生产规模较大的企业。这些企业主要生产煤制油、煤制气、煤制甲醇等产品，其中煤制油是新疆煤化工行业的重要产业。一方面，随着全球石油资源日益枯竭，石油替代产品的需求将会越来越大，煤化工产品将会成为石油替代产品的重要选择。另一方面，新疆具有丰富的煤炭资源，为煤化工行业的发展提供了坚实的基础。同时，新疆还具有较为完善的交通、电力等基础设施，为煤化工行业的发展提供了良好的条件。

以下列举了一些新疆煤炭煤化工有关的例子：

1）准东煤炭煤电煤化工基地。准东煤炭煤电煤化工基地是建设以绿色智能特大型露天矿群为主体的煤炭生产基地、"疆电外送"煤电基地、煤制油气和煤制烯烃为主的煤化工基地。坚持集中优先开发露天煤矿，重点开发五彩湾、大井、西黑山等矿区；有序开发昌吉白杨河、硫磺沟等矿区。为满足民生用煤需求，结合现代煤化工、煤电产业布局及特高压通道煤炭需求，充分利用存量产能，统筹准南煤田中小煤矿整合，促进煤炭资源集约开发，重点在大型煤炭产区布局先进坑口煤电及新能源项目，实现"两个联营"。立足国家现代煤化工示范区、煤制油气战略基地定位，重点发展现代煤化工（煤制烯烃、芳烃、乙醇、乙二醇及下游延伸）、煤制燃料（煤制油、煤制气）、煤电等产业集群；准东开发区周边县域、乌鲁木齐甘泉工业园区重点发展精细化工产业集群。

2）吐哈煤炭煤电煤化工基地。吐哈综合能源示范基地是建设煤炭生产基地和"疆煤外运"主力基地、"疆电外送"煤电基地、以煤制油气、煤炭分质利用为主的煤化工基地。2030 年，实现煤炭产能 3 亿吨/年，煤电装机 1700 万千瓦。

哈密市结合"疆煤外运""疆电外送"、煤制油气战略基地建设，重点开发三塘湖、淖毛湖矿区，有序开发巴里坤、大南湖西区等矿区，示范建设自治区煤炭交易中心、集运中心；吐鲁番市结合"疆煤外运""疆电外送"、疆内骨干电网和现代煤化工建设，重点开发库木塔格、沙尔湖等矿区，有序开发克（布）尔碱、艾丁湖等矿区；推进区域煤炭集运中心建设。结合既有哈密南—郑州±800千伏特高压直流输电通道、在建哈密北—重庆±800千伏特高压直流输电通道和吐鲁番、哈密及南疆电力需求，重点在大型煤炭产区布局先进坑口煤电，实现煤电联营；在风光资源丰富地区布局调节煤电，推动风光火储一体化开发与外送。立足国家煤制油气战略基地定位，哈密基地以煤炭分质利用为龙头，统筹热解和气化，重点发展煤炭分质利用（含热解、焦油加氢、焦粉气化及下游现代煤化工）、现代煤化工（煤制烯烃、芳烃、乙二醇及下游延伸）、煤制燃料（煤制油、煤制气）等；吐鲁番基地重点发展煤炭分质利用、焦油加氢、焦粉气化及下游产业集群。

6. 煤炭转运能力提高

随着"西煤东送"战略的深入实施，新疆的煤炭外运量正在快速增长，对保障国家能源安全发挥着日益重要的作用。

新疆煤炭外运量近年来快速增长，主要依靠将淖铁路，中国煤炭工业协会发布的数据显示，2023年，新疆铁路累计发运煤炭1.3亿吨以上，同比增长5.4%。2017年之前，新疆煤炭年调出量基本保持1000万~1500万吨，直至近三年，外调量才有了大幅增长。根据乌鲁木齐铁路局资料显示新疆铁路原煤调出量从2017年的994.7万吨增加到2023年的1.3亿吨，增长了13倍。这标志着新疆煤炭产业发展进入了一个新的阶段。

兰新铁路是新疆最重要的煤炭外运的主要通道。兰新线全长约1600千米，连接主要的煤炭生产基地和消费区，是新疆对外运煤的"主动脉"。近年来，在国家政策支持下，兰新线运能不断提升，2021年其对外运煤量就超过2亿吨。随着兰新二线的建设，这条通道的运力还将持续扩大。预计2025、2030年分别形成"疆煤外运"铁路通道煤运能力1亿吨/年、2亿吨/年。

哈密已成为新疆北部煤炭的主要运输中心。依托临河至哈密铁路，哈密逐渐成为新疆北部煤炭集散的核心区域。未来随着哈密连接内蒙古、罗布泊等多条线路的建设，哈密将成为新疆北部煤炭运往国内市场的大通道。

南疆煤炭外运也取得进展。格尔木至库尔勒铁路的运行打开了南疆煤炭外运的通道，使南疆煤炭资源得以开发利用。这条通道未来还将延伸至中亚地区，续建规模巨大，有力促进新疆煤炭资源的开发力度，使新疆成为支持国家能源安全的重要基石。如图 3-3 为近年来，新疆煤炭外运情况。

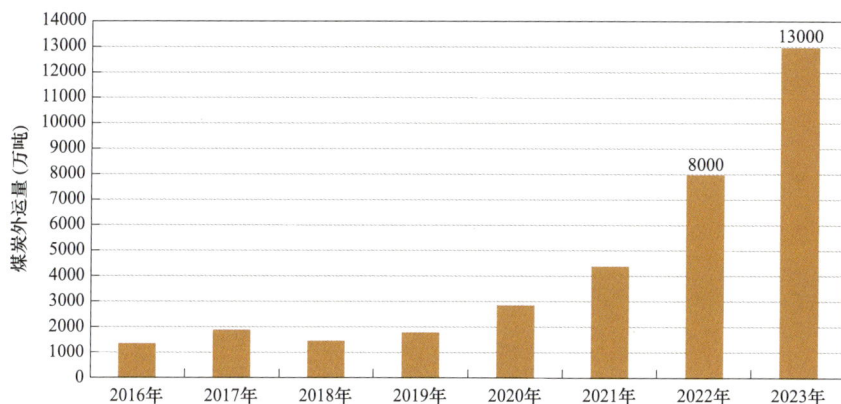

图 3-3　2016—2023 年新疆煤炭外运量

3.2.2　石油

新疆拥有丰富的石油资源，在我国陆地石油开发具有重要地位。近年来，在"西部大开发"战略的推动下，随着科技的进步和国家政策的支持，新疆石油开发取得长足进展，尤其塔里木盆地的资源开发取得了显著的成果，石油、天然气产量逐年攀升，为国家经济发展作出了重要贡献。

1. 石油开采产量充足

"十三五"期间，新疆勘探成果丰硕，新增探明石油地质储量 10.8 亿吨，年均新增 2.1 亿吨，发现了玛湖、吉木萨尔、塔河南岸碳酸盐三个十亿吨级大油田；石油勘探总体处于中期，勘探潜力较大。累计生产原油 13584 万吨，年均增长 2%，主要来自新疆油田、西北油田、塔里木油田和吐哈油田等。"十三五"末，新疆原油产量 2918 万吨，完成规划目标的 97%；其中中石油产量 2108 万吨，占比 72%；中国石油化工集团有限公司（简称中石化）产量 810 万吨，占比 28%。到 2023 年，新疆原油产量 3270 万吨，其中中石油产量 1480 万吨，占比 45%；中石化产量 1790 万吨，占比 55%。

2. 成品油产量稳增长

新疆原油产量充足，使得新疆的成品油产量保持稳定。主要有克拉玛依、独山子、乌鲁木齐、塔河四大国有炼化基地，炼油能力为 500 万～1000 万吨，合计为 2950 万吨；其中克拉玛依、独山子、乌鲁木齐炼化基地属中石油，均位于北疆；塔河炼化基地属中石化，位于南疆。

"十三五"期间，四大炼厂累计加工原油 12194 万吨，加工量逐年保持稳定，其中，独山子石化加工的主要是进口哈油，其他炼厂加工的均为国产原油。四大炼厂累计生产成品油 6948 万吨，生产量保持逐年小幅增长。其中，中石油炼厂累计生产成品油 5572 万吨，占比 80%；中石化炼厂累计生产成品油 1376 万吨，占比 20%。

新疆成品油资源供应较足，是整个西北地区成品油主要供应地，本地成品油消费量累计 4772 万吨，年均增长 0.88%。新疆成品油除满足本地市场需求外，部分通过西部成品油管道和铁路运输方式出疆，出疆量达 2176 万吨，年均 435 万吨，出疆率达 30%以上。

3. 石化工业增速发展

自 2015 年起，新疆石化工业规模和效益持续增长，年均增速分别为 6.4%和 9.9%，均高于全国石化行业平均增速，综合实力显著增强，成为新疆支柱产业之一。

"十四五"期间，自治区石化产业主要产品产量稳步增长。其中，乙烯下游产品小幅增长，对二甲苯和丙烯下游产品产量增长较快，炼厂结构优化取得一定效果。仅 2023 年乙烯产量就超过 140 万吨，聚乙烯超过 130 万吨，聚丙烯超过 120 万吨，对二甲苯超过 50 万吨。

4. 行业景气保持高位

新疆的石油资源，不仅带动相关下游产业链发展，还满足区域内对能源的需求，增加财政收入，创造就业机会，并以石油工业为龙头推动新疆的基础设施建设。随着绿色低碳理念的推进，新疆石油工业也将实现绿色、智能、数字化转型。

新疆立足油、气、电，拓展下游氨、甲醇等产业，打造综合能源系统，由"油气能源＋新能源电力"向"新能源电力＋分子能源"转变。加快实现油气生产过程的清洁替代。积极推进绿色油气田示范建设，促进油气勘探开发与新能源技术融合、应用方式和体制机制等创新。研发推广绿色低碳技术，综合应用风、光、气、储，余热、光热、电热耦合等多项新能源技术，发挥多能互补协

同效应，构建多元化清洁能源替代体系，统筹节能瘦身、清洁替代和植被碳汇等措施，提升工业绿色低碳发展原动力。谋划推进油田向"油气风光氢"一体化生产基地转型发展，让油气田既是"绿电田""绿氢田"，也是"储碳田""储能田"，更是"清洁能源田"。

未来，新疆将持续加大油气资源开发力度，大力发展石油化工等相关产业，使石油工业在新疆的经济建设中发挥更大作用，为新疆的现代化发展提供坚实的资源支撑。

5. 管输能力满足需求

新疆已建成阿独线、独乌线、鄯兰线等多条国家级原油干线管道，总里程1560 千米；建成区域支干线、支线 2875 千米，包括克乌线、王化线、轮库鄯线等。干线一次管输能力约 3500 万吨，基本形成将境外资源、境内油田、炼厂、油库连接贯通、调度灵活的管网系统。新疆境内成品油管道主要是北疆成品油管网和西部成品油管道系统，总里程达到 3144 千米，干线一次管输能力达到1830 万吨/年，能够满足成品油外输需求。

3.2.3 天然气

新疆的天然气资源主要集中在塔里木油田、新疆油田、吐哈油田等天然气主产区。2023 年新疆全区天然气产量 417.38 亿立方米，占全国总产量的 19.96%，产量位居全国第二。新疆还是我国天然气能源进口的重要口岸，进口管道气大部分从新疆入境，其中，"西气东输"的四期工程起点在新疆。因此，新疆天然气资源具有重要战略地位。

1. 天然气产量稳步提升

"十三五"期间，新疆累计生产天然气 1605 亿立方米，年均增长 4.7%，产量稳步提高。2020 年，全区天然气产量达到 371 亿立方米，其中中石油产量 351亿立方米，占比 94.6%。受全球经济环境和国际油价影响，2020 年天然气产量完成"十三五"规划目标的 89%。新疆煤制气项目主要有庆华煤制气、新天煤制气和哈密广汇煤化工项目淖毛湖煤制 LNG。"十三五"期间，区内煤制气产量111 亿立方米，呈逐年快速增长态势。2020 年煤制气产量达到 31 亿立方米，比2016 年增长一倍以上，其中新天煤制气产量占一半以上。

塔里木油田是我国西气东输的主力气源地，为新疆南部和下游沿线 15 个省区市民生用气提供保障。建成了 2500 万吨级大油气田，累计生产油气产量当量突破 3 亿吨，产量由最初的 3.39 万吨到 2017 年 2538 万吨，油气产量年均增长百万吨，成为我国陆上第三大油气田。其中塔里木油田克深气田累计生产天然气 753.11 亿立方米，折算油气当量 6000.87 万吨，相当于替代标煤 9145 万吨，减排二氧化碳 1.01 亿吨。塔里木油田开采如图 3-4 所示。

图 3-4　塔里木油田开采图

2. 天然气储气能力达标

新疆已建成呼图壁储气库 1 座，设计库容 107 亿立方米，工作气量 45.1 亿立方米，截至 2023 年年底，新疆油田呼图壁储气库自建成投运以来，已累计外输天然气 170 亿立方米。按照国家关于天然气储气能力建设有关要求，新疆应形成地方储气能力合计为 4.259 亿立方米。从 2020 年开始，地方三天储气能力已形成 0.894 亿立方米，达到规定储气能力的 95.2%；已完成城市燃气企业 5% 储气能力 2.629 亿立方米，达到规定储气能力的 79.2%。

3. 天然气消费结构不断优化

2023 年新疆天然气消费量超过 140 亿立方米，惠及新疆人口 1180 万人，城镇居民气化率达到 88%。天然气消费结构不断优化，目前城市燃气、发电、工业燃料、化工分别占比 65%、1%、9%、25%，其中，城市燃气消费占比较 2015 年提高 11 个百分点，化工消费占比降低 6 个百分点。

我国当前天然气供给量对外依存度高达 40%，据统计，2023 年我国天然

气消费量超过 3700 亿立方米，其中国产气 2201 亿立方米，占比 60%；进口管道气 641 亿立方米，占比 17%，进口液化天然气 821 亿立方米，占比 22%。2013—2022 年天然气进口量及增速如图 3-5 所示。

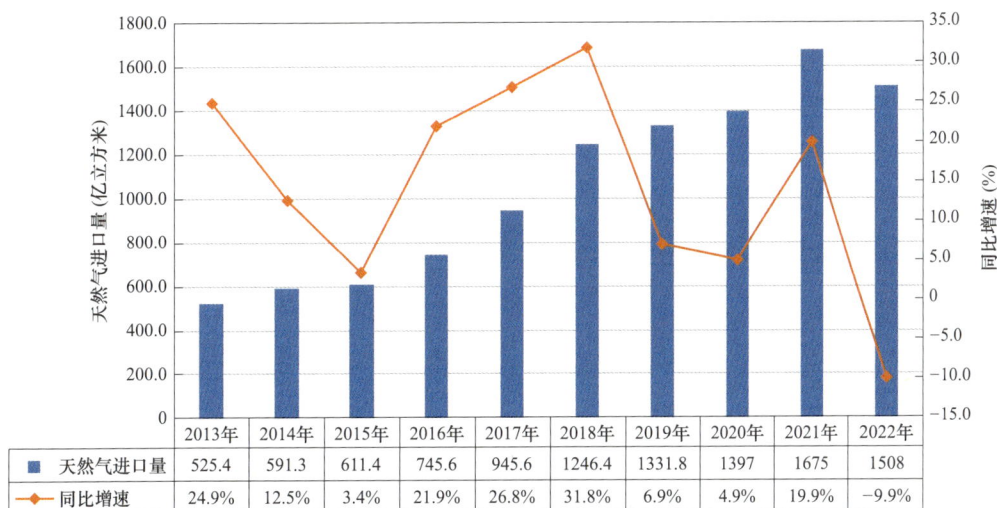

	2013年	2014年	2015年	2016年	2017年	2018年	2019年	2020年	2021年	2022年
天然气进口量	525.4	591.3	611.4	745.6	945.6	1246.4	1331.8	1397	1675	1508
同比增速	24.9%	12.5%	3.4%	21.9%	26.8%	31.8%	6.9%	4.9%	19.9%	-9.9%

图 3-5　2013—2022 年天然气进口量及增速

4. 天然气运输四通八达

在天然气的运输上，2024 年 10 月，随着吐鲁番联络压气站 318 号进气阀门的开启，来自中亚和我国塔里木油田的天然气，通过该站进入西气东输四线，标志着西气东输四线首段工程建成投产。西气东输工程自此由西气东输一线、二线、三线、四线组成。西气东输一线于 2002 年 7 月开工，2004 年 10 月建成投产，主干线西起新疆塔里木油田，东西横贯 9 个省份，全长约 4200 公里，最终到达上海，是我国距离最长、管径最大、压力最高、施工条件最复杂、运输能力最强的输气管道工程。西气东输二线于 2007 年启动，2011 年投入运营，西起新疆霍尔果斯，将来自中亚天然气管道的进口气，输送至我国华中和华南地区。2012 年，西气东输三线东段、西段陆续开工，实现工程技术自主化和技术装备国产化，建成后与一线、二线相连接，实现由管道输气向管网输气的跨越式发展。

截至 2024 年 9 月底，西气东输管道系统供气范围覆盖我国西部、长三角、珠三角、华中地区的 400 多座城市、3000 余家大中型企业，惠及近 5 亿人口，累计输送天然气超 9800 亿立方米。

3.3 可再生能源开发利用情况

3.3.1 水能

新疆水力资源理论蕴藏量总计 3818 万千瓦，主要集中于九大流域，这九大流域水力资源理论蕴藏量总计 3200 万千瓦，占新疆全区总水力资源理论蕴藏量的 83.8%。根据最新资料统计，全疆水力资源技术可开发量约 2526.7 万千瓦，占全国水能资源技术可开发量的 4.8%。

其中，地表水年径流量 884 亿立方米（其中伊犁河 165 亿立方米，塔里木河 150 亿立方米，额尔齐斯河 117 亿立方米），人均水资源量 5500 立方米，是全国人均数的 2.25 倍。地下水可开采量 252 亿立方米。冰川面积 2.4 万立方千米，占全国的 42%。

新疆水力资源蕴藏量见表 3－1。

表 3－1 　　　　　　　　　　新疆九大流域理论蕴藏量表

序号	流域名称	所属区域	理论蕴藏量（万千瓦）	占全疆的百分比（%）
1	伊犁河流域	北疆（国际河流）	905.7	23.7
2	叶尔羌河流域	南疆（内陆河）	617.6	16.2
3	额尔齐斯河流域	北疆（国际河流）	472.5	12.4
4	和田河流域	南疆（内陆河）	333.9	8.7
5	喀什噶尔河流域	南疆（内陆河）	272.6	7.1
6	阿克苏河流域	南疆（内陆河）	241.9	6.3
7	开都河流域	南疆（内陆河）	176.1	4.6
8	渭干河流域	南疆（内陆河）	111.1	2.9
9	玛纳斯河流域	北疆（内陆河）	68.6	1.8
10	九大流域合计		3199.9	83.8
11	其他小河流合计		618	16.2
12	全疆各河流总计		3817.9	100.0

1. 水力发电领域

水力发电利用水流的能量转换机械能，再通过水轮机驱动发电机发电。经过长期规划建设，新疆已初步形成以河流、水库为主的水能开发格局，建成了一大批大型水库、水电站和引水工程，不仅弥补了水资源时空分布不均的局限，也促进了经济社会的发展。

截至 2023 年 12 月底，新疆电网水电站装机规模 603.06 万千瓦。主要分布在伊犁、阿勒泰、巴州、阿克苏、喀克、和田等地区。

2023 年新疆水力发电量 316.9 亿千瓦时，同比增加 4.7%，是全国水力发电量前十的省份之一。

新疆根据本地区水资源分布情况，采取多种方式开发水能资源，既重视主要河流的规划利用，也开发地下水、建设引水工程，并逐步采用非常规水资源开发模式。通过科学管理水资源的时空分布，不仅改善了新疆的生态环境，也极大提高了各地区的抗旱能力和经济发展后劲。今后新疆仍将持续加强水能资源建设，推动水资源的合理高效可持续利用。

冬季水量较少，冬季枯水期来水量往往仅为夏季丰水期的 10%～20%。加之新疆水电站调节能力差，导致新疆水电冬季枯水期出力大幅下降，一般仅为装机容量的 20%～30%。

（1）伊犁河流域。塔勒德萨依水电站工程位于新疆伊犁哈萨克自治州尼勒克县境内的喀什河上游，为拦河引水式电站，位于萨里克特水电站下游。塔勒德萨依水电站工程装机容量 80 兆瓦，引水设计流量 140 立方米/秒，冬季最小流量 9.75 立方米/秒，引水渠全长 7.425 千米。

新疆伊犁特克斯河山口水电站位于伊犁河流域特克斯河段，水库总容积 1.31 亿立方米，调节库容 0.72 亿立方米，坝后式地面厂房，电站装机容量 3×47 兆瓦，年设计发电量 5.72 亿千瓦时，主要承担电网基准负荷任务。

（2）叶尔羌河流域。恰木萨水电站工程位于新疆喀什地区莎车县境内叶尔羌河干流山区下段，是阿尔塔什水库回水至喀群引水枢纽河段水力发电规划推荐的近期工程，电站开发任务是在保证减水河段灌溉和生态用水的基础上，进行水力发电。恰木萨水电站采用引水式开发，电站装机容量 203 兆瓦（含生态电站），多年平均年发电量 6.20 亿千瓦时，电站建成后向南疆四地州电网供电，承担电力系统的基荷。

鋆高水电站位于莎车县霍什拉甫乡境内叶尔羌河干流山区下段，为引水式电站，其上游为阿尔塔什水利枢纽、下游为恰木萨水电站。水库正常蓄水位 1611 米，相应库容 1656.1 万立方米，调节库容 611 万立方米，电站总装机容量 185 兆瓦，多年平均发电量 5.653 亿千瓦时。

（3）额尔齐斯河流域。额尔齐斯河水电站的建设始于 1994 年，于 2002 年正式投入运营，总装机容量为 108 万千瓦，年发电量达到 18.5 亿千瓦时，水电站的主要设施包括一座混凝土面板堆石坝、一座地下厂房和一座发电厂。水电站的建设对于改善当地的能源供应、促进经济发展和改善生态环境具有重要意义。

（4）和田河流域。新疆和田喀拉喀什抽水蓄能电站项目是国家能源局发布《抽水蓄能中长期发展规划（2021—2035 年）》中规划储备项目。项目总装机容量 140 万千瓦，设计年发电量 25.61 亿千瓦时，设计年抽水电量 34.84 亿千瓦时。项目建成后，主要服务于新能源消纳，承担调峰、填谷、储能、调频、调相、紧急事故备用等任务，对增加地方税收、改善基础设施、拉动就业、助力乡村振兴和促进经济社会快速稳定发展具有重要意义。

（5）喀什噶尔河流域。塔日勒嘎水电站工程坝址位于新疆维吾尔自治区克孜勒苏柯尔克孜自治州乌恰县境内，乌合沙鲁大桥以上 600 米处，是克孜河规划 2 库 6 级开发方案中的第二个梯级，装机容量 4×11.25 兆瓦。

（6）阿克苏河流域。塔尕克一级水电站工程位于新疆阿克苏地区温宿县萨瓦甫齐牧场境内，距阿克苏市 61 千米，距温宿县城 49 千米，电站装机容量 49 兆瓦，年发电量 2.739 亿千瓦时。台兰河一级、二级、三级和四级水电站，梯级开发方案总装机容量 89.7 兆瓦，多年平均发电量 3.62 亿千瓦时；台兰河四级水电站为近期开发工程，总装机容量 9.2 兆瓦，多年平均发电量 3762 千瓦时。

（7）开都河流域。开都河中游河段规划"两库七级"开发方案，分别是阿仁萨很托亥水电站（42 万千瓦）、哈尔嘎廷郭勒水电站（21.9 万千瓦）、霍尔古吐水电站（42.65 万千瓦）、滚哈布奇勒水电站（25.7 万千瓦）、察汗乌苏水电站（33 万千瓦）、柳树沟水电站（18 万千瓦）和大山口水电站（8 万千瓦）。霍尔古吐水电站项目位于新疆维吾尔自治区巴音郭楞蒙古自治州和静县境内，总落差 1750 米，是新疆开都河中游河段规划"两库七级"开发方案中的第三级水电站，最大坝高 28.4 米，采用引水式开发，在满足下游生态用水的前提下发

电，总装机容量 42.65 万千瓦，安装 3 台 14 万千瓦主机组和 2 台 0.325 万千瓦的生态机组。

（8）渭干河流域。骆驼脖子水电站是新疆克苏地区渭干河梯级开发规划中的第五级水电站，电站总装机 5 万千瓦，水电站可增加阿克苏地区电力能源中水电装机比重，改善电力能源结构，缓解阿克苏地区的电力供应。

（9）玛纳斯河流域。玛纳斯河一级水电站工程总投资 3.47 亿元，总装机容量 5 万千瓦，年发电量 1.89 亿千瓦时，是玛河流域规划中装机容量最大的引水式电站。

2. 抽水蓄能领域

水力发电与抽水蓄能在原理上及功能上有着较大区别。抽水蓄能使用水作为储能介质，在电力需求低时将水抽至水库，高峰期释放水流至水库通过落差转动涡轮机发电。既可以作为负荷，也可以作为电源。新疆最为典型的、现已建成的抽水蓄能电站是阜康抽水蓄能电站。

阜康抽水蓄能电站位于新疆昌吉州阜康市境内，是新疆电网加快构建新型电力系统的重要组成部分，也是电力系统的主要调节电源。电站主要由上水库、输水系统、地下厂房系统、地面开关站及下水库等建筑物组成，总装机容量为1200 兆瓦（4×300 兆瓦）。其开发任务主要是承担乌昌电网调峰、填谷、黑启动、调频、调相和紧急事故备用等任务。2023 年 11 月 25 日，我国西北地区首台抽水蓄能机组——国家电网新疆阜康抽水蓄能电站 1 号机组投产发电，实现了新疆和西北电网调节性电源的新突破。该电站全部投运后，双倍调节能力达240 万千瓦，可平抑新能源出力波动性，实现电能的余缺互济、时空互补，有力支撑新疆"风光火储一体化"大型综合能源基地建设。工程全部投运后，每年可增发新能源 26 亿千瓦时，同时减少标准煤耗 16.5 万吨，减排二氧化碳约 49.6万吨。在区域电网其他电源全部丢失情况下，阜康抽蓄电站可利用机组"黑启动""旋转备用"功能，在 3 分钟内实现"自主开机"发电并网，可为政府、医院、市政交通等单位应急保障供电。

3. 工业生产领域

天山以南地区建设的燃煤发电厂主要由石城子水库、榆树沟水库、庙尔沟水库联合供水水源、哈密市以东的沁城供水水源、哈密市西山水源、哈密市污水处理厂中水等供给用水。按照空冷机组考虑，耗水率取 0.15 立方米/百万千瓦秒，则可新增支撑2370万千瓦煤电装机。天山北部水源主要为天山融冰，目前在建伊吾河峡沟水库，库容0.15亿立方米，规划巴里坤八条河水库，库容0.15亿立方米，则北部可支撑1156万千瓦煤电装机容量。

准东地区目前水资源开发利用程度已达很高的水平，准东煤电煤化工基地用水规划通过"引额济乌"及"500"东延供水工程来满足其用水需求。准东地区煤炭资源丰富，水资源相对匮乏，煤电建设需要水利工程专供煤电基地，2020年以前煤电开发主要受水资源约束。准东煤田洗煤流程如图3-6所示。

图3-6　准东煤田洗煤流程图

哈密地区共有河沟及山泉129条，地表水资源量为4.559亿立方米，地下水资源量为3.99亿立方米。根据《哈密地区水资源利用规划》，哈密市有乌拉台水库、射月沟水库、八木墩水库、三道沟水库、四道沟水库、五道沟水库等，2020年哈密市可供水量超过5亿立方米。

4. 农业灌溉领域

新疆境内河流、湖泊、地下水等水资源丰富，加之独特的地理环境，使其拥有丰富的水能资源潜力。从地域分布来看，新疆的水资源主要分布在南北山地、河流沿岸和平原绿洲。南北山地的水资源以地下水、冰川雪水为主，河流沿岸和绿洲地区的水资源则主要来自河流和盆地的地下水。

3.3.2　风能

风能作为一种清洁、可再生的能源，新疆风能主要用于建设大型电站，其

他领域还包括农业生产、交通运输等，随着科技的进步，预计未来风资源的应用领域将更加多样化和高效化。

1. 风力发电领域

（1）风电分布。

达坂城风区：风区面积达 2118 平方千米，可装机面积在 1500 平方千米以上，年平均风速 6.4 米/秒，风能年蕴藏量 250 亿千瓦时，该风区风功率密度大于 150 瓦平方米的储量 800 万千瓦，技术可开发量 600 万千瓦，经济可开发量 412 万千瓦，风力发电风效标准利用小时数可达 3300 小时。该风区具有风能资源丰富、气候条件优越、开发条件良好等特点。

阿拉山口风区：阿拉山口是狭长谷地，这一特殊地形使其每年要刮 180 多天的大风，年均 8 级以上大风超过 160 天，最大风速可达 55 米/秒。该风区风功率密度大于 150 瓦平方米的储量 960 万千瓦，技术可开发量 750 万千瓦，经济可开发量 750 万千瓦。该风区具有风能资源丰富、气候条件优越、开发条件良好等特点。

十三间房风区：又叫"百里风区"，风力之大为全疆之冠、全国第二。十三间房风区是全疆著名的"百里风区"，多年平均风速达 8.46 米/秒以上。该风区风功率密度大于 150 瓦平方米的储量 1000 万千瓦，技术可开发量 400 万千瓦，经济可开发量 400 万千瓦。该风区被国家确定为千万千瓦级风电建设基地之一。

小草湖风区：该风区的年平均大风日数为 130～140 天，平均风力等级为 9～10 级，最大风力等级可达 12 级以上，瞬间最大风速为 40 米/秒，大风持续时间一般为两三天，最长可达 8～10 天。该风区风功率密度大于 150 瓦平方米的储量 800 万千瓦，技术可开发量 610 万千瓦，经济可开发量 610 万千瓦。

塔城老风口风区：该风区年均风力不小于 8 级的大风 150 余天，最多 180 天，最大风速高达 40 米/秒，风速之高、移雪量之大，为世界所罕见。该风区风功率密度大于 150 瓦平方米的储量 1070 万千瓦，技术可开发量 840 万千瓦，经济可开发量 840 万千瓦。

额尔齐斯河河谷风区：该风区的季节变化比较明显，冬季的风速较大，夏季相对较小。而每年春季到秋季是风的集中期，风速高峰时期多集中在 4～10 月。该地区全年大于 3 米/秒的风速出现率为 67%，年平均风速为 4.8～5.1 米/秒，最大风速 28 米/秒，瞬间可达 32 米/秒。该风区风功率密度大于 150 瓦平方米的储量 2000 万千瓦，技术可开发量 1000 万千瓦，经济可开发量 635 万千瓦。

三塘湖—淖毛湖风区：该风区的风能资源非常丰富，年平均风速为 4.8～5.1 米/秒，最大风速可达 28 米/秒，瞬间风速可达 32 米/秒，全年大于 3 米/秒的风速出现率为 67%，年大风日（风力大于等于 8 级）达到 116.6 天。它是哈密地区千万千瓦级风电基地规划重点建设的 3 个区域之一，规划开发场址区域面积约为 600 千米。该风区风功率密度大于 150 瓦平方米的储量 6240 万千瓦，技术可开发量 4900 万千瓦，经济可开发量 4897 万千瓦。

哈密东南部风区：该风区的年平均风速在 6.5 米/秒以上，最高风速可达 20 米/秒。该风区风功率密度大于 150 瓦平方米的储量 2040 万千瓦，技术可开发量 1600 万千瓦，经济可开发量 1600 万千瓦。

罗布泊风区：该区域年平均风速为 7.8 米/秒。据统计数据，这个区域在 3～5 月是多风季节，6～8 月则进入大风季节，其中 8 级大风日数超过 60 天。风功率密度大于 150 瓦平方米的储量 7020 万千瓦，技术可开发量 800 万千瓦，经济可开发量 800 万千瓦。

准东风区：该风区规划总面积 1.55 万平方千米。年平均风速为 4.8～5.1 米/秒，最大风速可达 28 米/秒，全年大于 3 米/秒的风速出现率为 67%。该风区风功率密度大于 150 瓦平方米的储量 2500 万千瓦，技术可开发量 1800 万千瓦，经济可开发量 1800 万千瓦。

（2）风电现状。2023 年，新疆电网新增风电装机 643.7 万千瓦，新疆区域累计风电装机达到 3267.7 万千瓦，累计发电量 643 亿千瓦时。"十大风区"已并网风电装机超过 3500 万千瓦，见表 3–2。

表 3–2　　　　　新疆"十大风区"已并网风电装机规模　　　　单位：万千瓦

风区名称	经济可开发量	已并网规模
达坂城风区	412	463.535
阿拉山口风区	750	84.4
十三间房风区	400	263.7
小草湖风区	610	180.5
塔城老风口风区	840	124.25
额尔齐斯河河谷风区	635	330.3
三塘湖—淖毛湖风区	4897	661.51

风区名称	经济可开发量	已并网规模
哈密东南部风区	1600	644
罗布泊风区	800	188.05
准东风区	1800	613.09
合计	12744	3553.335

（3）风电消纳。除大型风电基地外，新疆各地还建设了成百上千兆瓦级的中小型风电场、分布式风电为支撑。这些风电场广泛分布在和田、阿克苏、喀什、昌吉等地。风电可以实现就地利用，为农牧区提供电力，改善民生。为更好消纳风电，新疆也建立了风电外送系统。同时，通过电池储能等措施提高风电稳定性。

（4）风电规划。作为推动新疆经济发展的主要支柱，新能源发展建设提档加速，《服务推进自治区大型风电光伏基地建设操作指引（1.0 版）》《关于加快推进新能源及关联产业协同发展的通知》等一系列政策先后出台，助力全疆"十大风区"开发利用。

2. 其他相关领域

（1）交通运输。风能在交通领域的应用主要包括以下几个方面：

1）海上风电与海洋牧场融合发展。在海洋交通领域，海上风电与海洋牧场的融合发展是一大趋势。通过海上风电的塔筒和基础结构，为海洋牧场提供了稳定的支撑平台，同时利用海上风电的电力供应，为海洋牧场的设备和系统提供能源，实现了能源的自给自足和可持续利用。

2）风力发电在船舶上的应用。在一些船舶上，安装了小型风力发电机，为船舶提供部分电力。这种应用可以减少船舶对传统燃油的依赖，降低运营成本，同时也减少了船舶的温室气体排放。

3）用于高速公路的设施。在高速公路沿线布局光伏发电设施，将产生的电能用于高速公路的照明、监控、通信等设施，也可以为电动汽车提供充电服务。

4）用于交通信号灯和标识牌。一些交通信号灯和标识牌采用了小型风力发电机和太阳能电池板，为其提供电力。这种应用可以减少对传统电网的依赖，提高交通设施的可靠性和可持续性。

风能在新疆交通领域的应用主要集中在公路交通系统。新疆地域辽阔，场景多样，拥有丰富的风能资源，为交通自洽能源系统的建立提供了有力支持。以下是一些具体的应用情况：

1）风力发电。在一些高速公路沿线和服务区，安装了风力发电机，为交通设施和设备提供电力。例如，新疆 S21 阿勒泰至乌鲁木齐高速的克拉美丽服务区建设了自洽能源系统，每年可为服务区提供绿电 71 万千瓦时。

2）风光互补。在一些风能和太阳能资源都较为丰富的地区，采用风光互补的形式建设高速公路自洽能源系统，以提高能源供应的稳定性。

3）微网互济。一些示范工程采用了交、直流母线混合架构，配备锂电和铅酸电池双储能系统，实现了微网互济功能，提高了能源利用效率和系统可靠性。

（2）农业生产。新疆具有特殊地理位置、干旱气候环境及典型的内陆性水文条件特性，其可用风能资源丰富。风能在农业领域的应用主要包括以下几个方面：

1）风力发电。在一些风能资源丰富的地区，农民可以利用小型风力发电机为农业生产提供电力，如灌溉、抽水、通风等。

2）风干和储存。风能可以用于农产品的风干和储存。例如，在一些地区，农民利用自然风来吹干谷物、水果、蔬菜等，以延长其保质期。

3）通风和降温。在农业设施中，如温室、养殖场等，风能可以用于通风和降温，改善环境条件，提高生产效率。

4）风力提水。在一些缺水地区，风力提水机可以将地下水提取到地面，用于灌溉和人畜饮水。

需要注意的是，风能在农业领域的应用受到地理条件、气候因素和技术水平等的限制。在实际应用中，需要根据当地的具体情况进行评估和选择，以确保风能的利用效果和经济效益。同时，随着技术的不断进步，风能在农业领域的应用前景也将更加广阔。

3.3.3 太阳能

太阳能作为一种清洁、可再生的能源，新疆太阳能利用较早，利用领域也较为广泛，涵盖了从家庭到工业应用，从小型设备到大型电站的多层面应用，为全球能源供应和环境保护提供了新的解决方案和思路。

1. 工业应用领域

（1）光伏发电。新疆独特的自然地理特征形成了十分丰富的太阳能资源，

具有较好的规模化开发潜力。新疆多年平均太阳总辐射量为 5000～6500 千焦/平方米,多年平均日照时数为 2500～3550 小时。太阳能资源总储量约为 1.03×10^8 亿千瓦时,考虑建设条件后理论装机容量可达到 1.96 亿千瓦。

太阳能资源属于国家支持的绿色资源,利用光伏发电,可以降低火电能源的消耗,增加电网中清洁能源的比例。新疆通过规模化发展太阳能,建设了一批大型并网光伏发电项目、建筑光伏一体化工程,而且还利用光伏发电解决了大电网不能覆盖的边远地区居民用电、人畜饮水、农业浇灌等用电问题。截至 2013 年年底,全疆建成大型并网光伏发电项目总装机容量超过 3000 万千瓦;实施"新疆送电到乡工程"和"新疆丝绸之路光明之路",在偏远无电地区建成一批小型离网光伏电站和户用光伏发电系统,解决了边远无电地区农牧民的基本生活用电问题。

但总体来说,新疆的太阳能资源开发利用程度还是很低,光伏发电产业发展还处于发展初期,目前全疆光伏发电装机容量仅占光伏发电技术可开发量的 0.065%。随着"双碳"目标的实现,新疆光伏产业还将继续蓬勃发展。

(2)光热发电。光热发电是指利用大规模阵列抛物或碟形镜面收集太阳热能,通过换热装置提供蒸汽,结合传统汽轮发电机的工艺,从而达到发电的目的。新疆的光热资源丰富,日照时数长,太阳能资源理论蕴藏量达 22.6 万亿千瓦时,资源可开发量达 49.38 亿千瓦,技术可开发量达 32.09 亿千瓦,是光能产业开发的理想之地。

截至 2023 年 7 月,新疆开发建设中的光热发电装机规模位居全国第一。哈密 50 兆瓦熔盐塔式光热发电站是新疆首个光热发电项目,也是中国首批光热发电示范项目之一,于 2019 年 12 月 29 日并网发电,可实现昼夜连续发电,具备稳定的电力输出和良好的调节性能。该电站每年可提供 1.98 亿度的清洁电力,相当于每年节约标准煤 6.19 万吨,减排二氧化硫约 61.89 吨、氮氧化物约 61.89 吨、烟尘约 19.84 吨、二氧化碳 15.48 万吨。

此外,新疆还在积极推进光储一体化项目的发展,通过增加储能规模来增强电力系统的备用容量,从而保障电网安全稳定地运行,缓解"弃光"问题,带动光伏发电规模化发展。同时,新疆也在加强太阳能光热技术的研发和创新,提高太阳能光热利用的效率和稳定性。总体来说,新疆在太阳能光热领域的开发利用取得了一定的成绩,未来,新疆需要进一步加强技术创新和政策支持,推动太阳能光热产业的健康发展。

2. 交通运输领域

（1）太阳能汽车。太阳能汽车行业是目前世界上一个较为新兴的行业，在我国也仍处于初期阶段，但是随着新能源汽车逐渐成为主流，太阳能汽车的前途也越来越受到广泛关注。太阳能汽车利用光能进行车载能源的转换，不仅可以减少空气污染，同时还能降低能源消耗和成本，具有长期可持续的发展前景。国内太阳能汽车主要集中在低速电动车领域，其主要应用在小城镇、旅游景点、校园、公园等小范围内，轻便、环保、经济的特点正符合不少用户的需求。

太阳能汽车具有很好的市场前景，在新能源汽车市场中具有独特优势。首先太阳能汽车在环保、节能等方面有着显著的优势，符合社会和政府对绿色交通的要求，未来的政策和规划将更加倾向于太阳能汽车。其次，随着太阳能科技的进步，太阳能汽车将有着更好的技术优势和更广阔的应用前景。目前太阳能汽车车身的太阳能电池转换效率正在不断提升，装在车顶、车窗等位置的太阳能电池也越来越轻薄，为太阳能汽车普及奠定了牢固基础。

太阳能汽车虽有着广阔前景，但也存在一些挑战。首先，太阳能汽车成本较高，无法和传统燃料汽车相竞争。其次，由于太阳能汽车的发展基础较薄弱，技术、产品和管理等方面都面临着一定的限制，如产业链缺乏，技术研发水平相对滞后等。此外，与电动汽车一样，太阳能汽车的充电时间和里程问题也需要解决。尽管面临着一系列挑战，但随着政策支持和技术不断进步，太阳能汽车必将成为未来环保、智能、高效的重要交通方式之一。

（2）交通信号灯。新疆地区太阳能资源丰富，日照时间长，太阳辐射量大，为太阳能交通信号灯的发展提供了有利条件。太阳能交通信号灯技术不断进步，太阳能电池板的转换效率提高，储能设备的性能不断优化，使得太阳能交通信号灯的可靠性和稳定性得到了提升。在新疆的一些城市和地区，已经开始应用太阳能交通信号灯。例如，库尔勒市在省道 323 线安装了太阳能爆闪灯交通安全提示、标识标牌和仿真警察，提高了道路交通安全水平。总体而言，新疆太阳能交通信号灯的发展前景广阔，但在实际应用中还面临一些挑战，如成本较高、天气条件对太阳能发电的影响等。未来，随着技术的进一步发展和成本的降低，太阳能交通信号灯有望在新疆得到更广泛应用。

3. 农业种植领域

（1）温室种植。新疆的温室种植发展较为迅速，并且在技术应用、品种培育和产业发展等方面取得了一定的成果。一些地区采用了先进的温室技术，如多层立体无土栽培、精准调配营养液、光控和温控干预等，实现了作物的快速繁育和生长。中国首例沙漠温室快速繁育水稻在新疆试种成功，通过立体栽培和光热资源的优势，实现了高产量，为边疆地区农业生产和经济发展提供了可靠途径。在品种培育方面，新疆在温室中成功试种了快速繁育水稻，并且开展了大豆、玉米、小麦、油菜、棉花和苜蓿等作物快速繁育关键技术的探索。此外，还引种了南方特色水果品种，如西瓜，通过不断探索和优化种植方式，取得了一定的成果。产业发展方面，新疆的一些企业和合作社通过发展温室种植，实现了一年四季不间断地生产新鲜果蔬，不仅丰富了当地居民的"菜篮子"，还带动了就业和增收。部分温室种植园还通过与新能源等技术结合，降低了建设和运营成本，提高了经济效益。

（2）农业机械。利用太阳辐射直接转化为有效能量进行农业生产，是一种环保节能的操作方式。太阳能农机的原理是通过太阳能电池板将太阳光转化为直流电，再通过智能控制使电机输出驱动动力。这种技术适用于外表面积大、电力需求小的农机，例如拖拉机、收割车、播种机、灌溉器等。太阳能部件安装在农用机械的车身上，以便于利用太阳光。太阳能农机的使用不仅可以降低耕地利用率和燃料成本，还能减少温室气体排放，提高农业生产效率，缩短农业机械所需要的成本。太阳能农机的发展和应用结合了太阳能利用技术和农业机械技术的进步，体现了太阳能作为一种清洁、可再生能源在农业生产中的重要性。

太阳能在农业机械领域的一些常见应用：

1）太阳能电动农机。如太阳能电动拖拉机、收割机等，利用太阳能电池板为农机的驱动电机供电，减少对传统燃油的依赖。

2）太阳能驱动灌溉设备。太阳能水泵等，可实现自动化灌溉，无须外接电源。

3）太阳能充电装置。为农业机械上的蓄电池充电，保证一些电子设备和辅助系统的正常运行。

4）太阳能植保机械。例如太阳能驱动的喷雾器等，用于病虫害防治作业。

5）太阳能温室设备。如太阳能卷帘机等，为温室环境控制相关设备提供部分能源。

6）太阳能监测设备。一些安装在农田里用于监测气象、土壤等数据的设备可依靠太阳能供电，保证长期稳定运行。

在新疆，太阳能在农业机械领域的应用主要包括以下几个方面：

1）太阳能灌溉方面。新疆部分地区采用太阳能电子自动化节水灌溉系统，通过太阳能提供动力，实现精准灌溉，提高水资源利用效率。

2）太阳能植保方面。将无人机与智能灌溉系统相结合，利用太阳能进行能源补充，实现无人机植保作业，提高作业效率，降低成本。

3）太阳能发电方面：在一些偏远地区或无电区，利用太阳能发电为农业机械提供动力，解决电力供应问题。

4. 公共设施领域

（1）道路照明。太阳能在道路照明方面有广泛应用，主要体现在以下几点：

1）太阳能路灯。通过太阳能电池板吸收太阳光并转化为电能储存起来，供夜晚路灯照明使用。这种路灯无须铺设电缆，安装相对简便，且能有效节省电能。

2）太阳能景观灯。用于公园、广场等公共区域的景观照明，不仅能提供照明，还增添了美观性。

3）太阳能步道灯。布置在人行道、步行街等区域，为行人提供照明，同时具有绿色环保的特点。

4）太阳能交通信号灯。利用太阳能保证交通信号灯的正常工作，尤其适合一些供电不太方便的路口。

在新疆，太阳能在公共设施领域道路照明方面的应用越来越普遍：一方面，大量的太阳能路灯被广泛安装在城市道路、乡村公路以及一些偏远地区的道路上。这些太阳能路灯为行人和车辆提供了照明，保障了交通安全和出行便利，同时也减少了对传统电网的依赖，降低了能源消耗和成本。另一方面，在一些旅游景区、生态保护区等特殊区域，太阳能景观灯、步道灯等也得到了应用，既满足了照明需求，又与周围环境相协调，减少了对生态环境的影响。

（2）设施供电。太阳能在公共设施供电方面有诸多应用，比如：

1）公交站台电子显示屏。利用太阳能为电子显示屏供电，显示公交信息等。

2）公共电话亭。保障电话亭内设备的正常运行。

3）自动售货机。为自动售货机提供部分或全部电力支持。

4）监控摄像头。在一些户外监控点，太阳能可确保摄像头持续工作。

5）无线通信基站。在偏远地区或不易布线的地方，太阳能可以辅助供电。

6）公共充电桩。为电动汽车充电桩提供一定的电力补充。

7）信息查询终端。如在一些公共场所设置的信息查询设备。

在新疆，太阳能在公共设施供电方面有以下应用：在一些偏远地区的通信基站，太阳能电池板为其提供部分电力，保障通信的顺畅；部分户外的公共监控摄像头也会利用太阳能来维持运转，确保公共安全监控的持续进行；一些小型的公共服务亭，如报刊亭等，也可能采用太阳能供电来满足基本的照明和电子设备使用需求；还有在一些旅游景区或生态保护区的公共设施，如环保监测设备等，也会借助太阳能供电来实现长期稳定工作。

5. 家庭用途领域

（1）供热系统。太阳能在家庭供热系统方面的一些常见应用：

1）太阳能热水系统。通过太阳能集热器吸收太阳光能，加热水箱中的水，为家庭提供生活热水，用于沐浴、洗衣、洗碗等。

2）太阳能采暖系统。利用太阳能集热器收集热量，并通过循环系统将热量传递到室内，在冬季为家庭提供一定程度的采暖。

3）太阳能与常规能源结合的供热系统。比如太阳能与燃气壁挂炉或电锅炉等结合，在太阳能不足时，由常规能源补充供热，以保证供热的稳定性。

4）太阳能地板辐射采暖。将太阳能转化的热能通过地板下的管道辐射到室内，实现舒适的采暖效果。

5）太阳能辅助空气源热泵供热系统。太阳能可以辅助空气源热泵更好地运行，提高整体供热效率。

在新疆，太阳能在家庭供热系统方面有一定的应用。一些家庭会安装太阳能热水器，利用太阳能加热水，满足日常洗漱、洗澡等生活用水需求。还有部分家庭采用太阳能采暖系统，通过太阳能集热器收集热量，并将其传输到室内的采暖设备中，在一定程度上减少对传统能源的依赖，降低能源消耗和费用。

（2）供电系统。太阳能在家庭供电系统方面主要有以下应用：

1）屋顶太阳能发电系统。在家庭屋顶安装太阳能电池板，将光能转换为电能，供家庭日常电器使用，多余的电还可以并入电网。

2）太阳能路灯。安装在庭院或家门口，为家庭周边提供照明。

3）太阳能庭院灯。点缀庭院环境，同时提供照明。

4）太阳能小型储能系统。可以储存太阳能转化的电能，在夜间或阴天时使用。

5）太阳能充电设备。如太阳能手机充电器、太阳能充电宝等，方便为各类电子设备充电。

在新疆，太阳能在家庭供电系统方面有以下应用：一些新建的住宅或别墅可能会在屋顶安装太阳能电池板，建立小型的家庭太阳能发电站，所产生的电能供家庭照明、电视、冰箱等电器设备使用，多余的电能还可以卖给电网；一些家庭会配备太阳能充电器，用于给手机、平板电脑等小型电子设备充电；在一些偏远地区或经常停电的地方，家庭也可能采用太阳能储能装置，保证基本的电力供应；还有部分家庭会在庭院或户外设置太阳能景观灯等，起到照明和装饰的作用。

3.3.4 其他能源

1. 生物质能

新疆地区虽然蕴藏较为丰富的化石能源，但作为不可再生资源，在持续开采利用的情况下最终会逐渐枯竭。作为传统的农牧业大省，开发和利用好生物质资源对于优化新疆能源结构，促进"三农"经济持续发展具有重要意义。为了有效规划和实施生物质能源发展，必须充分了解和把握能源生物质资源的数量及其分布特点。

新疆地区着力加速生物质能源的开发与利用。这包括积极利用新疆丰富的生物质资源，如农业废弃物、林业剩余物、生活垃圾等，以生产可再生的能源，如生物柴油、生物乙醇等。新疆地区的生物质资源丰富，为生物质能开发提供了坚实的基础。生物质能发电现状如图 3－7 所示。

新疆地区在生物质能发展方面取得了显著进展。由于生物质能源的可再生性和环保性，这一领域在新疆地区受到了更多的关注。政府和企业积极投资于生物质能源项目，以减少对传统化石燃料的依赖，推动可持续能源的使用。

然而，新疆地区在生物质能产业化发展方面也面临一些难题。这包括技术和专利方面的挑战，以及需要制定更多支持政策的需求，以促进生物质能源的商业化。此外，新疆地区需要克服一些地理和气候上的挑战，以更好地实现生物质能源的有效开发。

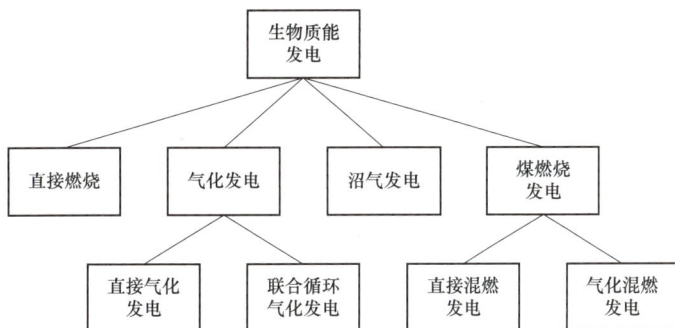

图 3-7　生物质能发电现状

新疆地区也认识到生物质能源的战略意义，特别是在减少对进口石油和天然气的依赖方面。为此，新疆地区正在积极寻求解决生物质能源开发中的瓶颈问题，如技术创新和政策支持，以确保生物质能源产业的健康发展。

2. 地热能

新疆是一个拥有丰富地热资源的地区。地热能是一种清洁、可再生的能源，被广泛用于供暖、发电和工业过程中。近年来，新疆地热能的开发取得了显著进展。新疆的地热资源丰富、分布广泛，其中最著名的地热区域包括卡拉麦里地热区、巴音郭楞地热区和布尔津地热区等。这些地热资源的潜力巨大，为新疆提供了可持续能源供应的机会，地热能应用情况如图 3-8 所示。

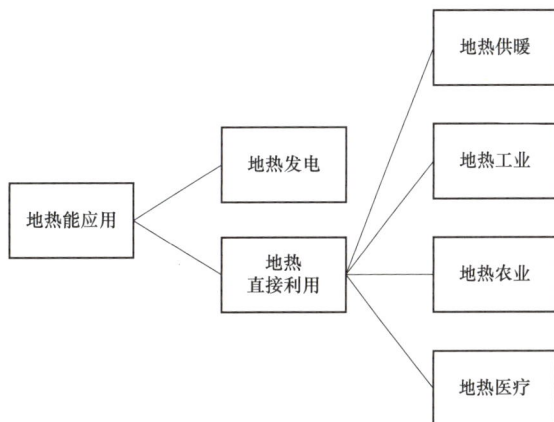

图 3-8　地热能应用情况

地热发电是一种可靠的能源供应方式，不受季节或气候变化的影响。新疆地热资源的利用主要集中在供暖领域。许多城市和乡村地区已经建立了地热供暖系统，以替代传统的煤炭或天然气供暖方式，减少了对化石燃料的依赖，降低了碳排放。地热水不仅可用于供暖、供热、发电，而且还具有工业、农业、医疗、旅游等很高的综合开发价值，是一项综合性开发利用工程，具有丰富的发展潜力。

3.4 新疆新型能源体系构建现状

3.4.1 能源生产消费情况

1. 一次能源生产总量快速提升

"四个革命、一个合作"能源安全新战略提出以来，新疆能源生产供应能力快速提升，一次能源生产总量从 2014 年的 19473 万吨标准煤提高到 2023 年的约 45700 万吨标准煤，年均增速 9.6%，高出同期全国一次能源生产总量年均增速 6.4 个百分点。2023 年，原煤、原油、天然气产量分别达到 4.57 万吨、3270.09 万吨、417.27 亿立方米，同比增长分别为 1.7%、1.6%、2.5%；发电量 4912.1 亿千瓦时，同比增长 4.5%。

2. 能源消费需求持续刚性增长

新疆经济社会发展和民生改善取得重大成效，带动能源消费水平持续提升，一次能源消费总量从 2014 年的 14926 万吨提高到 2021 年的约 21456 万吨，年均增速 5.3%，高出同期全国一次能源消费总量年均增速 2.3 个百分点。2021 年，煤炭、石油消费量分别达到 29342 万吨、1528 万吨，分别较 2014 年增长 82.4%、20.3%；天然气消费量 153 亿立方米，较 2014 年下降 10.0%。2022 年，全社会用电量 3466 亿千瓦时，较 2014 年增长 82.4%，2021 年人均生活用电量 653 千瓦时/人，比全国平均水平低 182 千瓦时/人。

3.4.2 能源进出口情况

新疆能源外送规模持续扩大，进口量总体平稳。总体呈现自西向东、由北向南的输送流向。"十四五"以来，区外综合能源调配量超过 2.6 亿吨标准煤，约占全国能源消费总量的 4.9%，较 2014 年提高 0.5 个百分点。其中，煤炭外运量超过 4000 万吨，较 2014 年增长 2064 万吨，煤炭主要通过兰新、哈临、库格 3 条铁路干线销往甘肃、宁夏、青海等地区；石油外输量 2638 万吨，输油规模

稳步回升，油品主要通过西部原油和成品油管道经兰州销往东中部地区；天然气外输量 578 亿立方米，较 2014 年增长 171 亿立方米，天然气主要通过西气东输一、二、三线经宁夏中卫枢纽销往东中部地区，惠及京津冀、长三角、珠三角等区域及管道沿线近 5 亿人口。外送电量超过 1200 亿千瓦时，达到 2014 年的 7.2 倍，其中新能源电量占比超过 30%，主要通过"两交两直"输电通道向河南、安徽、甘肃、青海等地区送电。

新疆是我国西部内陆地区能源对外贸易的重要门户和战略枢纽。2021 年以来，主要通过中亚油气管道从中亚、俄罗斯进口原油超过 1100 万吨/年、进口天然气超过 320 亿立方米/年。总的来看，原油进口量稳中有升，天然气进口量小幅波动。

3.4.3　能源发展主要成效

1. 能源安全供应保障能力显著增强

近年来，新疆围绕国家"三基地一通道"建设，严格执行能源、矿产资源开发的审批制度，大力推动能源清洁低碳、安全高效发展，不断壮大清洁能源产业，目前已基本形成了煤炭、煤电、现代煤化工、油气、可再生能源和新能源全面发展的能源工业体系，为保障国家能源供应安全、推动新疆经济高质量发展提供了有力支撑。

（1）煤炭。优化煤炭资源开发方式，统筹煤炭去产能和保供应关系，实施差别化产能置换政策，完善煤矿产能退出标准，加快退出低效无效产能，引导有效产能向资源丰富区集中，优化煤炭开发布局，煤炭产业集中度显著提高，产业结构不断优化，行业秩序进一步规范，企业经济效益持续回升。"十三五"时期，全区累计关闭退出煤矿 194 处，退出产能 2356 万吨/年，超额完成新疆与国家部际联席会议签订的"十三五"退出任务目标 1307 万吨/年，储备了一批大型、特大型煤矿项目，截至 2023 年底，全区在建 300 万吨以上的特大型煤矿超过 9 处，煤矿整体建设规模约 5450 万吨/年。

（2）煤电。初步建成技术先进、节能环保的清洁煤电供应体系，稳步推进煤炭基地资源就地清洁高效转化，在准东、哈密等地区规划布局特高压输电通道配套坑口支撑性煤电约 1320 万千瓦，满足疆内新增用电需求，支撑跨区电力外送。新投产火电以大容量、高参数机组为主，截至 2023 年年底，全区煤电装机容量超过 6600 万千瓦，火电平均供电标准煤耗 312 克/千瓦时，较 2014 年下降 24 克/千瓦时。

（3）煤炭深加工。推进煤炭深加工产业发展，优先支持开展省级示范，有力支撑国家能源安全战略储备体系建设，建成庆华煤制气、伊犁新天煤制气项目，加快推进托克逊洁净能源多联产项目。区域内已建成煤制天然气示范项目产能 34 亿立方米，占全国的 55.7%。

（4）石油天然气。稳步推进油气生产加工和储备能力建设，不断加快塔里木、准噶尔、吐哈三大油气田资源勘探和开发力度，玛湖致密油田、吉木萨尔页岩油田、顺北油田等大型油气田建设不断取得新突破，油气产量稳步提高。推进新疆准噶尔盆地南缘等煤层气产业化基地建设。巩固发展克拉玛依等千万吨级大型炼化一体化基地，原油加工能力近 3000 万吨。

（5）新能源。大型新能源基地集约高效开发取得显著成效，先后建成哈密千万千瓦级以及达坂城、吐鲁番、南疆四地州、准东等百万千瓦级新能源基地，2023 年，新增新能源装机 2071 万千瓦，新增容量全国第一，装机增速历史最快，装机占比历史最高，新能源利用率 96.1%，连续两年保持 95% 以上，阶段性实现增量稳率。在电力保供和电网安全的基础上，通过优化自备机组启停、落实以热定电、"一厂一策"精细用电、力促柳毛湾变电站投产、数智化手段监测煤电气体排放等措施，助力"乌—昌—石"（乌鲁木齐—昌吉—石河子）大气污染治理。治理期间，"乌—昌—石"区域重度污染天数累计减少 27 天、中度减少 12 天、轻度减少 10 天；"乌—昌—石"17 家自备企业累计完成下网电量 52.6 亿千万时，同比增长 20.59%，实现煤炭（标准煤）消费置换 157.72 万吨，减少二氧化碳排放 410.70 万吨，清洁电力流入"乌—昌—石"13.63 亿千瓦时，同比增长 94.34%。

2. 现代能源储运网络建设加快

煤电油气输送网络建设持续加强，多能互补、外通内畅、安全可靠的现代能源储输运网络正在加速形成。

（1）电网建设方面，疆内电网资源配置能力显著增强，建成覆盖全疆的"内供四环网"750 千伏骨干网架，形成国内覆盖范围最广的省级电网；着力提升电力外送能力，稳步提升哈密南—郑州±800 千伏、新疆与西北 750 千伏联网双通道四回路工程输电能力，建成准东—华东（皖南）±1100 千伏特高压直流输电

工程，哈密南—重庆±800 千伏特高压直流输电工程已开工建设，外送电能力超过 2000 万千瓦。

（2）油气管网建设方面，陆路进口油气战略通道与配套干线管网持续巩固，建成西气东输一线、二线、三线工程，管输能力 770 亿立方米/年，开工建设西气东输四线工程，稳步推进新疆煤制气外输管道工程，增强西气东输供应能力。疆内基本形成横跨东西、区域联通、调度灵活的天然气管网系统，油气储备能力显著提升。

3. 能源普遍服务扎实推进

推动能源资源开发成果最大程度惠及民生。实施光伏扶贫工程，积极组织村级电站光伏扶贫计划实施，建成光伏扶贫项目超过 15 万千瓦，惠及贫困人口超过 2 万户，建成投产光伏＋农业等一批特色扶贫项目。大力推进南疆四地州、边防部队、抵边村寨等农网工程实施，全面完成深度贫困地区、抵边村寨农网升级改造攻坚任务，区内农村生产生活用电条件明显改善。实施南疆天然气利民工程，多数县城、人口较多的镇、兵团场部用上了天然气，不断增强人民群众的能源获得感和幸福感。

4. 能源技术创新日新月异

持续推动能源先进技术示范应用，在太阳能、风能、特高压输变电等能源科技创新领域总体处于国内先进水平。"十三五"以来认定高新技术企业超过 800 家，实现地州市全覆盖。其中，电力装备制造业快速发展、集聚程度不断提高，形成了以金风科技、特变电工为代表的新能源装备、输变电装备产业集群。扎实推进能源设施智能化、数字平台建设等智慧能源试点示范，建成多个智慧能源重点项目，不断探索能源与 5G、"互联网＋"等信息产业融合的新模式、新业态，南疆国网新型电力系统示范区积极推动电采暖负荷柔性控制、电氢互动、构网型储能示范工程落地实施。

5. 能源综合体制改革持续深化

加大能源体制机制改革力度，推进重点领域和关键环节改革。加快油气资源勘探开发体制改革试点，油气上游投资主体多元化取得积极成效，一批民营企业和非油国企进入上游勘探开发市场，一批石油石化项目及涉油服务企业完成合资合作属地注册，推进新疆油气交易中心建设工作。电力市场化改革深入推进，推动成立新疆电力体制改革工作领导小组及新疆电力交易中心，初步建立了空间上覆盖省间、省内，时间上覆盖中长期，品种上覆盖电能量、辅助服务等较为完备的电力市场体系。2023 年，完成可再生能源电力超额消纳量交易超 1500 万元，促成新疆绿证交易超 30 万张。

6. 能源国际合作开创新局面

发挥新疆丝绸之路经济带核心区资源、区位优势，进一步加强与周边国家能源产能、技术装备和贸易合作，持续深化丝绸之路经济带沿线国家能源合作。新疆广汇等企业与哈萨克斯坦开展多层次的油气项目合作，特变电工已取得塔吉克斯坦独资建设吉达煤矿及煤炭采矿许可证，中远集团取得吉尔吉斯斯坦一批大中型煤矿的采矿权。特变电工为中亚等二十多个国家提供了电力成套项目总承包服务，在巴基斯坦启动建设目前全球最大的单体太阳能光伏电站 EPC❶和运营维护项目。中石油克拉玛依石化公司产品向越南、泰国等国家出口。

---

❶ EPC 是 Engineering（设计）、Procurement（采购）、Construction（施工）的缩写，又称设计、采购、施工一体化模式。

第4章　新疆新型能源体系面临机遇及挑战

新时代党的治疆方略是做好新疆工作的纲和魂，为新疆能源高质量发展提供了根本遵循。新形势下，推动新疆能源更好融入全国新型能源体系规划建设工作大局，需要及时抓住能源发展新机遇，有效应对内外部风险挑战，奋力走出一条具有新疆特色的能源高质量发展道路。

4.1　带来的机遇

4.1.1　碳达峰、碳中和目标带来的重大机遇

当前，百年变局加速演进。从国际来看，新一轮科技革命和产业变革深入发展，世界能源格局深刻调整，以可再生能源为主要发展方向的新一轮能源革命方兴未艾，为我们大力发展可再生能源提供了千载难逢的机遇，同时，俄乌、巴以冲突导致能源市场剧烈波动，能源问题日益政治化、工具化，能源安全风险挑战更加突出。从国内来看，2020 年 9 月，我国明确提出 2030 年"碳达峰"与 2060 年"碳中和"目标。2021 年 10 月，《中共中央 国务院关于完整准确全面贯彻新发展理念做好碳达峰碳中和工作的意见》明确指出，到 2025 年，非化石能源消费比重达到 20%左右；到 2030 年，非化石能源消费比重达到 25%左右，风电、太阳能发电总装机容量达到 12 亿千瓦以上，二氧化碳排放量达到峰值并实现稳中有降；到 2060 年，非化石能源消费比重达到 80%以上，碳中和目标顺利实现。随着疫情后经济社会全面恢复，市场需求逐步好转，带动了全社会能

源需求特别是用电量的较快增长，2023 年全国全社会用电量 9.22 万亿千瓦时，同比增长 6.7%，增速比 2022 年提高 3.1 个百分点；全国煤炭消费量超 47 亿吨，其中进口煤炭 4.7 亿吨；原油进口超 5 亿吨，对外依存度仍居高不下。

党的二十大报告提出要积极稳妥推进碳达峰碳中和，加快规划建设新型能源体系。新型能源体系是在清洁低碳、安全高效的现代能源体系基础上，顺应碳达峰碳中和要求的能源发展高级形态，将为实现碳达峰碳中和提供坚强保障，为推进中国式现代化新型能源体系提供战略支撑。

国际能源市场的变幻莫测和国内能源需求的快速增长，对新疆而言，不仅是发展中的挑战，更是赢得未来竞争的机遇。

新形势下国家对新疆能源开发建设的大力支持，为新疆构建新型能源体系提供了新动能。我们要紧紧围绕党中央赋予新疆能源高质量发展的历史使命，坚持底线思维，突出问题导向，加快推动能源绿色低碳转型，打造符合新疆实际的新型能源体系。这不仅是完整准确全面贯彻新时代党的治疆方略、集中力量打造现代化产业体系的重要抓手，而且是保障国家能源安全的关键一招，既是"国之大者"，也是"疆之所需"，对于紧贴民生推动经济高质量发展、服务国家发展大局具有十分重要的现实意义。新疆应该有信心、有条件、有责任、有能力为中国式现代化建设提供安全可靠的能源保障。

4.1.2　能源革命与数字革命深度融合带来的重大机遇

"十三五"以来，新疆扎实推进能源设施智能化、数字平台建设等智慧能源试点示范，建成智慧能源重点项目 5 个，不断探索能源与 5G、"互联网＋"等信息产业融合的新模式、新业态。分布式能源、储能、电动汽车、智能用电设备等交互式设施大量使用，电网趋于智能化、互动化、高效化，能源革命与数字革命深度融合为构建数智化的新型电力系统带来重大机遇，这为我国电力系统走上"双碳"之路提供了重要战略指引。

构建新型电力系统，需要实现电力能源数智化。未来的能源体系是以可再生能源为主体、多能互补、一体化运行的全新形态，需要通过强化源网荷储各环节的协调互动，协调开发和科学配置各类资源，构建多元供能智慧保障体系。而源网荷储一体化的实施前提就是先进技术的突破和体制机制创新，其中"云计算、大数据、物联网、移动化、智能化、区块链"等信息技术更是一体化的

重要依托，也是工业与能源互联网创新发展的主战场和主攻方向。数智电力为能源革命提供了无限可能，对社会生产方式、生活方式和社会治理模式都将产生重大而深远的影响。

AI 赋能的大趋势下，源网荷储管理及功率预测、RPA 技术融合下的硬件端、AI 与低代码结合、电力新基建等多个细分环节迎来重点机遇。AI 率先赋能的行业应用场景有新能源发电功率预测、输变电线路智能运维与巡检。中长期 AI 赋能的行业应用场景有：

（1）电力 BIM 设计软件。三维设计软件国产需求强烈，AI 有望深度赋能设计—施工—运维环节。

（2）电网智能调度自动化。新一代调度系统为 AI 应用奠定了模型和数据基础，有望实现电网智能决策和控制。

（3）虚拟电厂、微电网。技术核心为聚合和调度，与 AI 匹配性强，大模型接入将大幅提升分析效率和准度。

在数字经济和产业变革的浪潮下，随着政策日益完善，数字化已落地为企业级的行动，成为能源企业发展战略中的组成。通过引入数字技术，对企业的战略决策、业务流程、经营管理模式等进行重塑，提升能源企业的生产经营效率和竞争力，形成多元化的数字化转型样板。

面对这一时代机遇，如何实现全行业的携手共进，在加强高效交流、推动科技创新、开展有效合作之上，共建一个数字赋能、多元开放、绿色高效的未来电力系统，推动能源电力领域向更高质量发展，是行业发展的目标。

4.1.3　能源电力消费长期稳定增长带来的重大机遇

新疆具备完备的传统能源产业架构，随着新能源新材料等战略性新兴产业发展壮大、新能源汽车保有量快速增长、农村地区和边远地区煤改电深入实施等多重因素叠加影响，新疆终端用能电气化水平快速提升，能源电力消费持续增长，为能源清洁化转型带来重要机遇。

"十四五"以来，自治区抢抓历史机遇期和政策窗口期，创新实施新能源开发推进路径和管理十大机制，实行新能源平价上网目标电价，新能源产业规模不断壮大。新能源建设由快速布局推进阶段转入加速建成并网阶段，已集中建成哈密千万千瓦级新能源基地及准东、达坂城、百里风区等 10 余个百万千瓦级新能源集聚区，为能源结构持续优化，保障国家能源安全、助推新疆经济高质量发展提供了有力支撑。

近年来，自治区着力从提升新能源项目科学谋划水平、加大建设推进力度、努力做好前期服务上下功夫，以新增负荷为支撑、就地就近消纳为重点、系统调节能力为依托，坚持基地化、规模化开发，围绕打造"八大产业集群"（包括油气生产加工、煤炭煤电煤化工、绿色矿业、粮油、棉花和纺织服装、绿色有机果蔬、优质畜产品、新能源新材料等战略性新兴产业集群），坚持多能互补和源网荷储协同推进，加快建设准东、哈密北、南疆环塔、若羌等千万千瓦级新能源基地，构建新型能源体系，服务国家发展大局和自治区高质量发展。

一直以来，电力是我国重要的能源支柱，对于社会经济发展具有重要的支撑作用。用电量不仅是反映经济运行情况的风向标，也是判断经济统计指标质量的重要参照。随着我国经济的高速发展，用电需求也在迅速增长，在供应能力持续提升的过程中，能源、经济、环境、电力之间的关系也在不断调整。

而电力作为最重要的二次能源，在终端能源消费占比提高，是终端消费清洁化的体现。随着高质量发展要求的落实，2022年8月，国家发展改革委、统计局、能源局联合印发《关于进一步做好新增可再生能源消费不纳入能源消费总量控制有关工作的通知》，明确将"绿证"作为可再生能源电力消费量认定的基本凭证。一般来说，1个"绿证"对应1000千瓦时可再生能源电量，每一张绿证的产生或交易，就意味着有1000千瓦时绿色电力已经发电上网或者被电力用户消费。因此，"绿证"是可再生能源电量绿色属性的证明，也是认定可再生能源发电企业进行绿色电力生产和广大电力用户进行绿色电力消费的唯一凭证。党的二十大报告明确提出，倡导绿色消费，推动形成绿色低碳生产方式和生活方式。"绿证"的核发和交易对推动可再生能源高质量发展，提升绿色电力消费水平具有重要意义。

未来，新疆为推广"绿证"和绿电交易，将进一步引导电力用户扩大绿色电力消费，为促进可再生能源开发利用，推动能源体系清洁转型发挥更大的作用。

4.1.4　能源资源禀赋显著及示范空间广阔带来的重大机遇

新疆地处亚洲腹地，同时拥有"四大煤田""十大风区""三大油田"以及"十八条大河""三大盆地"，具备优良的新能源资源禀赋和区位优势。党中央、

国务院强化举措加快推进西部大开发形成新格局，强化开放大通道建设，支持新疆建设国家"三基地一通道"，支持发展特色优势产业，推动先进前沿能源电力技术装备示范应用、支撑现代化产业集群用能转型前景广阔，推进能源综合改革试点大有可为，可以说是同时具备了"天时""地利""人和"，为新疆能源生产供应能力提升、绿色低碳发展与能源产业转型升级创造了新机遇。

"十三五"以来，新疆抓住新机遇，充分发挥风、光等可再生能源资源优势，已建成哈密千万千瓦级新能源基地，昌吉等 8 个地州建成百万千瓦级新能源集聚区，初步实现了新能源规模化、集约化开发利用。新疆风能、特高压输变电等领域技术领跑全国，新能源、输变电装备制造产业集群凸显，世界电压等级最高的 ±1100 千伏高端换流变压器成功研究应用。推进疆内炼厂实现绿电制氢，新能源+炼化耦合发展取得新成效。持续推进绿氢制储输用全链条关键核心技术攻关，降低终端用氢成本，氢能应用试点逐步展开，支持开展氢能供给消纳相结合的一体化应用，拓展氢能多元应用场景。怀柔实验室新疆基地正式成立，光伏材料与电池全国重点实验室获批建设。2024 年开工建设"疆电外送"四通道，拟采用 ±800 千伏特高压多端柔性直流成套装备，在远距离大容量新能源输送中形成新的技术突破。随着全国新能源建设规模快速增长，十年来风电光伏开发成本分别下降了 60%、80%，建设成本大幅下降，为培育打造电力领域新质生产力、抢占发展先机提供新引擎。

新疆地理位置特殊，是我国西北内陆地区能源对外贸易的重要门户和战略枢纽。随着新疆打造"一带一路"核心区建设，为新疆从资源安全、通道安全、应急储备安全多维度强化能源供应保障、提升西部能源进口和东部能源外输拓宽了战略空间，为加强与周边国家特别是中亚国家在清洁能源开发、技术装备及基础设施互联互通等方面的务实合作提供良好契机，为拓宽与周边国家更大范围、更高水平、更广领域能源产业链供应链合作提供了政策支持。新疆不断积极构建与中亚国家全方位、深层次合作新格局，将为地区经济社会和能源电力发展注入新活力。

新疆是我国能源资源的富集区，但并不意味着因为"家大业大"可以大手大脚，用简单粗放的方式开发利用能源资源。党的十八大以来，作为国家确定的"三基地一通道"，新疆将抓住机遇，继续立足能源资源优势，坚定不移走生态优先、绿色低碳发展道路，做好能源保供工作、推进先进产能释放，加快发展壮大新能源产业，积极推动用能方式变革，构建清洁低碳、安全高效的能源体系，使高质量发展的成果更好惠及各族群众，交出了一份能源资源高效利用的出色答卷。

4.2　面　临　的　挑　战

4.2.1　清洁转型与能源安全的矛盾

清洁转型是指从依赖化石燃料的传统能源体系向以可再生能源为主导的清洁能源体系的转变。这一转型不仅有助于减少温室气体排放，缓解全球变暖问题，还能改善空气质量，促进可持续发展。

能源安全是关系国家安全及社会稳定的重要因素。当今世界正经历百年未有之大变局，全球能源体系全面升级、国际政治秩序深度调整，能源安全面临绿色革命加速、新旧能源接力步调不一及国际环境恶化多变等多方面的挑战。

应对能源安全新挑战，必须充分发挥化石能源的基础保障作用，全面统筹传统能源与新能源的协同发展关系，大力推进可再生能源的规模化发展。党的十八大以来，我国节能降耗工作取得了显著成就。清洁能源消费占比、煤炭消费占比等关键指标有了显著变化，但我国能源领域仍然面临巨大压力，尤其在以下三个方面表现较为突出。

（1）石油天然气储量相对偏少而对外依存度偏高。一方面，我国人口、经济与能源资源分布不均衡，能源需求刚性增长压力大，面临跨省区能源资源优化配置的长期挑战。另一方面，全球化石能源储量分布并不均衡，参阅英国石油公司近 3 年发布的《世界能源统计年鉴》可知：

石油储量世界排名靠前的国家包括俄罗斯、沙特、伊朗、伊拉克、科威特、阿联酋、委内瑞拉、加拿大和美国。

天然气储量世界排名靠前的国家包括俄罗斯、伊朗、卡塔尔、沙特、阿联酋、土库曼斯坦、美国等。

煤炭储量世界排名靠前的国家包括俄罗斯、美国、中国、印度、澳大利亚、德国等。

我国煤炭储量较为丰富，石油储量相对偏少；尽管天然气探明储量近年来有所增加，但未能改变储量相对偏少的现状。

在油气领域无突破性技术的前提下，我国富煤贫油少气的资源禀赋决定了原油产量 2023 年我国原油产量达 2.09 亿吨，同比增长 2.4%；天然气产量为 2353 亿立方米，同比增长 5.7%；原煤产量 47.1 亿吨，比上年增长 3.4%。这让我们国家在能源安全上有较大程度保障。

2009 年我国原油对外依存度在突破 50% 之后持续攀升，2015 年突破 60%，2019 年突破 70%，2022 年和 2023 年虽连续 2 年下降但仍维持在 72% 左右的高位。

2019 年，我国天然气进口量 1332 亿立方米，对外依存度高达 42.1%；2020 年，受到疫情影响，我国天然气进口量 1365 亿立方米，对外依存度 42%；2021 年国内天然气需求量增加，天然气对外依存度上涨到近五年最高点 44.40%；2022 年国际气价进口成本涨幅较大，进口天然气量减少，对外依存度回落至近五年最低点 40.14%；2023 年我国天然气进口量为 1656 亿立方米，增速为 9.5%，对外依存度 42.3%。

石油天然气储量相对偏少的现状，以及随之而来的能源生产和消费需求的持续提升，带来我国传统化石能源对外依存度偏高，严重影响能源供应安全。

（2）碳减排与高质量发展双重任务重大。基于生态环境部等近年来发布的多份研究报告的数据分析可知：2015 年以来，每年全球碳排放量均超过 300 亿吨且稳中有升，中国占比超过 30%，美国占比约为 14%，印度占比约为 7%，其他排名靠前的国家还有俄罗斯、日本、德国、韩国等。完成在 2030 年实现碳达峰、2060 年实现碳中和的"双碳"目标，我国碳减排压力巨大。

在高质量发展的要求下，能源供应短板和民生用能短板需要补齐，东西部之间和城乡之间的用能差距需要弥补，贫困偏远地区的用能品质需要提升。提升能源安全保障水平以满足经济社会可持续发展，聚焦人民日益增长的美好生活需要和不平衡不充分的发展之间的矛盾一定要充分理解和准确把握。

（3）破冰全球能源规则和重构国际能源格局压力大。多年来，我国在传统化石能源的勘探、研发、战略布局等方面一直落后于西方发达国家，导致我国长期被动适应全球能源治理规则（如化石能源贸易规则）和全球环境治理规则，以俄罗斯、美国、石油输出国组织为代表的化石能源资源丰富的国家和组织希望维持世界传统能源格局，尽可能为自身争取更大经济利益和影响力。

不仅仅是中国，英国、德国等多个能源短缺但经济发达的欧洲国家同样深刻意识到能源受制于人的不利局面，因此相关国家正在积极发展新能源和新技术。以我国为例，党的十八大以来，伴随着能源革命取得的显著成就，以风电、光伏发电等为代表的我国新能源发展已进入世界第一方阵，以特高压、智能电网为代表的能源科技创新水平也得到显著提升。

西方发达国家不会静观其变和任由我国新能源产业的快速发展，从10年前的欧盟"光伏双反"到美国以多种借口禁止进口我国生产的光伏组件，西方发达国家打压我国新能源产业发展的诸多做法屡见报端，加之我国出口产品多处于全球产业链中低端，产业结构偏重、能源消耗偏高的现状并没有改变，碳排放因子也普遍高于欧盟平均水平。美国、英国、日本目前都在研究征收碳边境税，我国出口产品在碳边境税方面很难占据优势，我国有陷入被动局面的风险，破冰全球能源规则和重构国际能源格局的压力仍然很大。

当前全球能源安全局势依然紧张，未来想要解决清洁转型与能源安全的矛盾，就需要有清晰的能源安全思路，具体如下：

（1）充分发挥化石能源的基础性作用。加快储能设施建设，积极推进电化学储能、抽水蓄能等项目建设，提升电力系统的储能能力，以更好地应对新能源发电的间歇性。加强电网建设，不断优化电网架构，提高电网的输送和调配能力，保障新能源电力的高效传输和消纳。推动火电灵活性改造，对部分火电机组进行灵活性改造，使其能够更灵活地适应新能源接入后的电力系统运行需求。发展需求侧响应，引导用户合理调整用电行为，参与电力系统的调节，提高整体的电力供需平衡能力。优化调度运行机制，建立更加科学合理的电力调度体系，充分考虑新能源特性，提高电力系统运行的稳定性和灵活性。

（2）坚持"先立后破"的指导思想。首先要处理好短期和中长期的关系，在中长期大力发展新能源的进程中，重视煤炭的调峰和兜底保供作用，促进煤炭与新能源的优化组合；其次要处理好整体和局部的关系，在整体推进能源转型的大背景下，根据不同领域、不同行业、不同地区差异化地制定能源转型及碳减排目标；最后要补齐可再生能源规模发展的短板。

（3）多重路径促进其规模化发展。新疆的可再生能源发展相对缓慢，需要多重路径促进可再生能源规模化发展，要增强可再生能源的消纳能力，实现能源增量替代；要加强铜、铝、锂、镍、铀等资源的战略储备；还要提高可再生

能源利用相关的科技水平。

4.2.2　清洁转型与系统成本的矛盾

在当今世界，随着环境问题的日益严峻，清洁转型已成为全球范围内的一个紧迫议题。清洁转型是指从依赖化石燃料的传统能源体系向以可再生能源为主导的清洁能源体系的转变。这一转型不仅有助于减少温室气体排放，缓解全球变暖问题，还能改善空气质量，促进可持续发展。然而，清洁转型并非一蹴而就，它涉及技术革新、基础设施建设、政策支持等多个方面，这些都伴随着巨大的系统成本。因此，清洁转型与系统成本之间存在着显著的矛盾。

系统成本是指在实现某一目标过程中，整个系统所需承担的全部费用，包括直接成本和间接成本。在清洁转型的背景下，系统成本包括但不限于研发新技术的成本、建设新能源基础设施的成本、淘汰旧有设施的成本以及培训相关人员的成本等。这些成本在转型初期往往非常高昂，且回报周期较长，这对于许多企业和政府来说是一个不小的负担。具体表现在：

（1）技术研发成本高。清洁技术的研发投入巨大，而且新技术在商业化初期往往成本较高，这导致了清洁能源产品的价格高于传统能源，增加了用户的经济负担。如太阳能、风能和电动汽车等，尽管拥有清减碳足迹和促进能源安全的优点，但其研发、生产和部署的高昂成本一直是限制其大规模推广的主要障碍。相对成熟的化石能源产业享有规模经济和成熟的供应链优势，使得清洁能源在成本竞争中处于不利地位。

（2）改建设施成本高。现有的能源基础设施大多基于化石燃料设计，清洁能源转型要求对传统能源基础设施进行大规模改造，包括建设新的生产设施、传输网络和储能系统。这些投资需要巨大的前期资本，而且在很多情况下，回报周期较长。对于多数企业而言，资金不足可能成为实现能源转型的重大障碍，尤其在新疆大部分已经习惯低廉化石燃料价格的市场，消费者和企业对清洁能源的接受度受限于其相对较高的成本。

（3）示范项目成本高。清洁能源的示范在很大程度上依赖于政府补贴和政策支持，但这也增加了公共财政的压力。例如可再生能源制氢尚处于起步阶段，与工业副产氢、煤制氢等传统制氢模式相比，绿氢制备成本仍然偏高，绿氢生产的间歇性与甲醇等化工产品用氢高稳定性要求不匹配。示范工程正如雨后春笋般发展，引导各类系统灵活性资源配置的配套政策和市场机制需不断完善，间接增加了系统成本。

虽然当前面临着与系统成本的矛盾，但随着技术的进步和市场的成熟，清洁能源未来将在不牺牲环境和社会经济福祉的前提下，成为能源市场的重要组成部分，迎接一个更加清洁、安全和可持续的能源未来。针对清洁转型与系统成本的矛盾，需解决以下问题：

（1）加大新能源发电技术攻关，降低生产和运营成本。首先，政府应该增加对新能源发电技术研究与开发的投入，鼓励创新性项目和基础研究。其次，政府可以采取一系列措施来促进规模化生产并推动降低成本。例如，在建设规模较大的可再生能源项目时给予税收优惠或补贴；制定长期稳定的购买价格政策以吸引更多投资者参与；提供土地使用权等资源支持；推动标准化设计和装备制造以提高效率并降低生产成本。

（2）积极探索国内外市场合作机会，提高既有经验。通过与其他国家或地区进行调研交流、开展多元项目合作，多方面分析学习现有经验，并在技术研发、生产和市场开拓等方面形成合作共赢的局面。

4.2.3 清洁转型与技术创新的矛盾

技术创新是推动清洁转型的关键，新能源技术的研发和应用，越来越注重碳捕集和碳储存技术，通过将二氧化碳等温室气体捕集并储存降低了碳排放，同时有助于降低清洁能源的生产成本，逐渐建立起更加完善的清洁能源体系，从而减少对化石燃料的依赖。然而，从传统能源产业看，长期以来，新疆经济社会发展已形成对煤炭、煤电、炼油等传统能源产业较强的依赖，传统能源产业同质化竞争与单一化布局矛盾并存。同时，支撑新型能源体系建设的非常规油气勘探开发、煤基精细化工、高端石化等传统能源产业提质升级不及预期。从新兴能源产业看，与新能源、特高压输电等能源新型基础设施发展相匹配的完备产业链在疆内布局仍不充分，新型储能、绿色氢能、碳捕集封存与利用、区域综合智慧能源等新兴产业发展与东中部地区相比存在一定差距。新疆风电、太阳能发电等技术创新能力与能源科技强国以及引领能源革命的要求相比，甚至与我国东部沿海地区能源科技创新依然存在一定差距。比如，能源技术装备长板优势不明显且尚存短板；关键零部件、核心材料等方面需要进口，原创性、

引领性、颠覆性技术偏少；产学研"散而不强"，推动能源科技创新的政策机制有待完善等。通过以上分析，清洁转型与技术创新的矛盾具体表现在：

（1）人才设备缺乏。技术创新离不开人才的支撑。新疆面临的一个突出问题是专业人才尤其是高端技术人才的缺乏。由于地理位置偏远、生活条件相对较差，新疆在与其他发达地区争夺高端人才时处于不利地位。此外，本地高等教育资源相对匮乏，难以自行培养足够的高技能人才满足发展需求。人才流失现象严重，许多有能力的青年选择到更发达的城市发展，导致人才梯队建设受阻。

新疆在科研设备方面的投入不足，更新速度也不尽如人意。由于资金限制和政策支持力度不足，新疆的科研机构和高校在先进设备采购、实验室建设方面远落后于国内一线城市。这直接影响到科研工作的效率和质量，进而影响技术创新成果的产出。

（2）综合成本增加。新疆的地理位置相对偏远，这在一定程度上限制了与国内外其他技术和经济中心的交流与合作。交通物流成本较高，信息交流不畅，随着全球科技的快速发展，新技术层出不穷，旧技术迅速被淘汰。在这种情况下，新疆的企业和技术机构为了跟上技术发展的步伐，不得不投入更多的资金用于技术研发和设备更新。这些因素都直接或间接地增加了技术创新的成本。

（3）产业链不完整。能源清洁转型的过程中，由于技术创新未能及时跟进，导致新能源上下游产业链存在不完整现象，资源开发不能充分带动装备制造产业。例如，在电源侧，各类能源资源定位需要转型，电源正在由以煤电为主向新能源转变，新能源具有波动性、随机性、间歇性，风电光伏装备制造产业链不完整，水电开发空间有限，气电经济效益不高，自备电厂参与调峰作用发挥不充分，新型储能产业链缺失，新能源与绿色氢能，算力协同发展水平不高，低碳智慧园区等新兴产业发展与中东部地区相比存在一定差距。在电网侧，与新能源、特高压输电等电力新型基础设施发展匹配的完备产业链在新疆布局仍不充分，新疆电网断面送出及受入能力受限、局部电网传输能力不足、智能化数字化水平不高等问题，无法满足新能源高比例接入和新模式新业态发展需要。最后，在负荷侧，用电需求持续增加，预计到 2030 年，全社会最大负荷较 2023 年增长 74%，局部地区尤其是南疆煤电等调节性电源支撑不足、南北疆电网互济调节能力不强，导致电力供应存在时段性、季节性缺电。因此，亟须克服既有产业路径依赖，通过政策引导新兴产业发展，推动用能领域清洁转型和能效提升，更好地服务于新型电力系统建设。

针对清洁转型与技术创新的矛盾，有必要在多方面重点发力，加快推进能源领域科技创新，具体如下：

（1）加快关键核心技术装备补短锻长。聚焦"卡脖子"技术和"掉链子"环节，突破基本原理、基础软硬件、关键零部件和装备、关键基础材料、关键仪器设备等制约。持续增强电力装备、新能源等领域全产业链竞争优势，并在这些优势领域中打造先进产业群。

（2）促进科技创新与能源产业深度融合。围绕产业链部署创新链，加快研究快速兴起的前瞻性、颠覆性技术以及新业态、新模式，形成一批能源长板技术新优势，掌握产业发展主动权。多元化能源产品种类和供给渠道，以分散市场风险、减少地区依赖。加强"一带一路"新能源产业合作，开辟新的新能源应用市场，通过市场多元化降低欧美市场波动的影响。

（3）完善能源科技创新主体。激发企业创新主体活力，推动各领域优势企业强强联合，持续优化资源共享、优势互补的"政、产、学、研、用"一体化模式，促进技术和市场的有效对接，加快技术成果的转化和应用。

（4）推动绿色低碳技术创新提高新能源消纳能力。政府应加大对绿色低碳技术创新的支持和投入。通过设立专项资金、减税和补贴等方式，鼓励企业加大对相关领域的科学研究与开发投入。建立更加灵活和便捷的知识产权保护机制，激励企业进行技术创新并分享成果。在政策引导方面也有必要采取措施来促进使用绿色低碳能源技术。例如，在公共建筑、交通运输等领域给予优惠政策以鼓励使用可再生能源或清洁化工程；制定配额制度或强制性目标来推动可再生能源在电力行业中占比增长；完善电网规模扩容计划以适应更多可再生能源接入等。

（5）注重人才培养与合作交流。加强高校和科研机构的合作，建立联合实验室和技术创新中心，促进学术界与产业界的深度融合。同时鼓励全球知识共享与技术交流，吸引外国专家参与我国绿色低碳能源技术开发。

推动能源产业转型升级，更好服务用能领域清洁转型和能效提升，实现以高品质能源供给支撑新疆特色优势产业高质量发展，亟须克服既有产业格局的惯性，释放能源产业新动能营造更好的发展环境。

4.2.4　清洁转型与市场化改革的矛盾

新疆煤炭、天然气、石油等预测资源量分别占全国的 40%、32%、20%，但 2022 年生产量仅占全国的 9.2%、18.7%、15.7%，丰富能源资源储量与较低开发利用水平之间的差距，是当前制约新疆能源高质量发展的主要矛盾。

"双碳"目标下，新型能源比重持续增加，市场主体更加多元，能源输送方式更加灵活，亟须全面破除制约能源转型发展的体制机制障碍，完善满足新型能源体系灵活、高效、便捷互动的市场机制和价格体系，健全各类调节性、支撑性资源的成本疏导机制，以新型电力系统为平台，电力传输为枢纽，深化输配电价、上网电价、销售电价、增量配电网电价改革，激发各类市场主体活力，形成有效支撑新型能源体系的市场机制和政策体系。

新型能源体系下，新型能源市场大规模替代将打破能源市场供需平衡，引发能源系统性变革。近年来，在国家大力扶持下，新能源发电产业快速发展，在电力市场中逐步占据了一席之地，并逐渐对传统电源产生影响，未来新能源发电将更快、更强、更有力地涌入市场，势必引发各行业系统性变革。清洁转型与市场化改革的矛盾体现在以下几方面：

（1）能源部门转型压力大。能源项目审批涉及环节多，项目推进需多部门多单位联动，随着新型能源体系的建设，能源主管部门需要一批既懂传统能源业务，又具备新技术知识的复合型人才。然而，现阶段教育体系与行业需求之间存在一定的脱节，缺乏能够支撑清洁能源发展的专业技术人才和管理人才，能源主管部门转型压力也随之增大。

（2）电网公司转型压力大。电力市场化改革对电网公司提出了从业务模式调整、成本控制和定价策略、技术创新和服务提升，到合规和风险管理等多方面的挑战。以往电网公司主要负责电力的传输和分配，在市场化模式下需要更多地参与到电力的交易和竞争中，增加了运营的复杂性和不确定性。为保障用户用电可靠性，电网公司还要通过技术创新来提供更高效、更智能、更绿色差异化服务。在政策法规和市场规则的框架方面，电网公司需密切关注政策动向，及时服务政府能源主管部门，为社会持续经济发展提供技术支撑。

（3）电源企业转型压力大。新能源电力市场需求激增会吸引更多的企业入场，激发新能源领域更加激烈的竞争。随着越来越多的企业和资本看好新能源行业的前景，新的参与者不断涌入市场，原有企业面临着来自各方的竞争压力。这不仅体现在价格战上，更体现在技术创新、服务质量和品牌影响力的全方位竞争。新能源企业要想在这样的市场环境中脱颖而出，必须具备持续创新的能力，并能够灵活应对市场变化。从太阳能电池的效率提升到风力发电的智能化控制，再到电动汽车的续航里程增加，每一项技术的突破都需要巨额的资金支持和长期的研发投入。虽然全球范围内对于清洁能源的支持力度在加大，但是具体政策的制定和执行仍然充满变数。补贴政策的调整、税收优惠的变化、贸易壁垒的设置等都可能对新能源企业的运营产生重大影响。新能源企业必须在这种不确定的政策环境中寻找稳定发展的路径，这无疑增加了其运营的复杂性和风险。

当前疆内可再生能源发展迅速，想要解决清洁转型与市场化改革的矛盾，可以采取以下措施：

（1）引导市场多方协同发展。持续健全引导各类系统灵活性资源配置、合理的价格、财税等配套政策、激励机制和市场机制，平衡市场各方利益，推动电能市场与碳排放市场协调发展。逐步实现可再生能源对化石能源的有序替代。首先，逐步完善新能源上网电价形成机制，合理确定新能源上网电价水平，体现新能源的环境价值。探索实施峰谷分时电价、尖峰电价等差别化电价政策，引导电力用户合理用电，促进电力系统削峰填谷。加大对新能源产业及相关灵活性资源项目的财政补贴和税收优惠力度，如对储能项目建设给予补贴支持，对积极参与电力系统调节的企业给予一定的税收减免或奖励。在配套政策方面，制定专门针对灵活性资源开发利用的规划和指导意见，明确发展目标和重点任务。建立健全新能源与传统能源协调发展的政策体系，保障各类能源公平竞争和协同发展。进一步完善电力市场交易机制，扩大新能源参与市场交易的范围和规模。让灵活性资源能够通过市场交易获得合理收益。推动分布式能源市场化交易，激发市场主体活力。

（2）加快建设多层次的全国绿色低碳技术交易市场。绿色低碳技术创新区域分布不平衡，绿色低碳技术创新能力较强地区的辐射力也很有限，其中一个重要原因就是缺乏一个完善的全国绿色低碳技术交易市场体系，使绿色低碳技术创新供需不能及时匹配。应鼓励区域合作共建跨区域规范运行的绿色低碳技术交易市场，积极培育相关中介服务机构和专业"经纪人"队伍，并在此基础上形成全国性绿色低碳技术交易市场。

第 5 章　新疆新型能源体系展望

党的二十大报告提出，加快规划建设新型能源体系。新疆煤炭、石油、天然气以及风能、太阳能资源储量大、品质好、开发条件优越，特别是"沙戈荒"等新能源大基地在新疆的战略布局，为新疆能源转型发展带来重大历史机遇。在国家加快培育新质生产力的新形势下，应充分发挥新疆新能源发展优势，聚焦"八大产业集群"，推动化石能源与新能源的融合、一次能源与二次能源的融合，逐步走出一条以新能源为供应主体、新型电力系统为关键支撑，服务支持煤炭煤电煤化工、油气生产加工产业绿色低碳高质量发展的转型之路。

5.1　发　展　目　标

党的二十大报告中强调要把碳达峰碳中和纳入生态文明建设整体布局，同时提出了构建以新能源为主体的新型电力系统具体目标，指引我国推进能源消费革命、能源供给革命、能源技术革命、能源体制革命。随着"双碳"目标、"新型能源体系"以及"新型电力系统"建设的不断深化，能源也进入了转变发展方式、调整生产消费结构、转换增长动力的高质量发展阶段，保障安全、绿色低碳、创新驱动、高效智能成为深入推进能源革命、促进能源高质量发展的重要内容。

为支撑国家能源安全战略、推进能源绿色低碳转型、带动周边产业链迅猛发展，新疆充分利用丰富的可再生能源资源和优越的绿色清洁新能源的发展条件，立足国家"三基地一通道"定位，以新增负荷为支撑、就地就近消纳为重点、系统调节能力为依托，坚持能源基地化、规模化开发，协同推进多能互补和源网荷储。力争到 2030 年，新疆初步建立清洁低碳、安全高效的新型能源体系，能源生产供应和资源调配能力显著提升，能源消费结构更趋均衡，新能源供给消纳体系基本建立，终端用能电气化水平进入西部地区前列，先进前沿能源技术部署应用遍地开花，现代化能源产业链供应链初步建成，能源对经济发展的支撑作用充分彰显，能源发展成果更多惠民利民。

5.1.1 能源安全保障有力有效

新疆"十四五"规划对"三基地一通道"建设进行细化分解，保障国家安全供应。在新疆维吾尔自治区发改委 2021 年 6 月发布的《新疆维吾尔自治区国民经济和社会发展第十四个五年规划和 2035 年远景目标纲要》中提出，"十四五"期间，新疆重点落实国家能源发展战略，围绕国家"三基地一通道"定位，加快煤电油气风光储一体化示范项目规划建设，构建清洁低碳、安全高效的能源体系，支撑保障国家能源安全供应。

要保障能源安全有力有效，重点是强化化石能源安全兜底保障。深入研究实施油气中长期增储上产发展战略。加大油气勘探开发力度，推进老油田稳产，加快新区产业建设，强化"两深一非一稳"重点领域油气产能建设。有序推动炼油项目改造升级。加快储气设施建设，推进地下储气库、沿海液化天然气接收站储罐工程。加强油气管道保护。有序释放煤炭先进产能，推动已核准项目尽快开工建设，在建煤矿项目尽早投产达产，核准一批安全、智能、绿色的大型现代化煤矿，保障煤炭产能持续平稳，在安全生产基础上，推动产量保持较高水平。建立煤炭产能储备制度，加强煤炭运输通道和产品储备能力建设，提升煤炭供给体系弹性。

（1）建设国家大型油气生产加工和储备基地。加大准噶尔、吐哈、塔里木油气勘探开发力度，加快中石油玛湖、吉木萨尔、准噶尔盆地南缘等大型油气田建设，保障国内油气供应"底线"安全。

（2）建设国家大型煤炭煤电煤化工基地。以准东、吐哈、伊犁、库拜为重点推进新疆大型煤炭基地建设，推进"疆煤外运"北、中、南通道扩能提升，推动"疆电外送"配套煤电和疆内支撑性煤电项目建设，保障电力系统安全和供应稳定。

（3）建设国家新能源示范基地。建成准东千万千瓦级新能源基地，推进建

设哈密北千万千瓦级新能源基地和南疆环塔里木千万千瓦级清洁能源供应保障区；推进风光水储一体化清洁能源发电示范工程，开展智能光伏、风电制氢试点。稳步推进风光发电、生物质能、氢能及储能技术和远距离输电技术发展，推动传统能源与新能源优化组合，将物联网、大数据、云计算、人工智能等先进技术手段作为能源供需两侧协调互动、互补互济的桥梁，提升能源产业链智能化水平。计划"十四五"期间，全区可再生能源装机规模达到 8240 万千瓦，建成全国重要的清洁能源基地。

（4）建设国家能源资源陆上大通道，有序新增跨省区输电通道，扩大疆电外送能力。计划"十四五"期间，"疆电外送"电量达到 1800 亿千瓦时，建成"疆电外送"第三通道，积极推进"疆电外送"第四通道，提升跨省区存量输电通道能力 4000 万千瓦左右。

5.1.2　能源低碳转型加快推进

立足新疆资源禀赋和区位优势，坚持以规划为引领、方案为主导、政策为保障，坚持问题导向、目标导向，直面新型电力系统建设的问题挑战，坚持深化电力体制改革，加快推进清洁低碳、安全充裕、经济高效、供需协同、灵活智能的新型电力系统示范区建设。重点推进新能源高效开发利用、电力供应保障性支撑、储能规模化布局应用、"疆电外送"通道、电力智慧化运行等五大体系建设，扎实走好"源、网、荷、储、碳、数"六大要素融合互动的新型电力系统建设新路。大力发展风电、光伏等绿色清洁可再生能源，持续推动能源绿色低碳转型。

（1）加强风电关键设备及零部件研发和生产，有序发展分布式光伏发电，推进风能、光伏发电进行电解水制氢，以绿色低碳技术培育孵化新兴产业，支持可再生能源与工业、建筑、交通、农业、生态等产业和设施协同发展，发展壮大新能源、新材料、绿色环保等战略性新兴产业。按照"向下游延伸、向高端发展、向低碳转型"的发展思路，通过强链、拓链、补链工程，推动绿色产业集聚化发展，形成高度集聚、上下游紧密协同、供应链集约高效的新产业生态。

（2）推动煤炭传统能源产业高端化、智能化、低碳化。按照"基地化、规模化、集约化、集群化、循环化"产业模式，打造高质量发展的煤炭、煤电、煤化工基地，推动煤炭开发和利用方式升级，促进煤炭及相关产业协调发展、转型发展、升级发展和平稳健康发展。合理控制煤电装机规模，大力淘汰落后产能、化解过剩产能、优化存量产能，严格控制高耗能行业新增产能，有序淘汰煤电落后产能，全面实施公用和自备燃煤煤电（热电）机组节能降碳改造、灵活性改造、供热改造"三改联动"，加快煤电机组由主体电源向基础性和调节性电源转型。

（3）加快非化石能源发展，优化用能结构，积极发展可再生能源微电网、局域网，提高可再生能源的推广和消纳能力，稳步推进清洁供暖，加快城乡接合部、农村民用和农业生产散烧煤的清洁能源替代。力争到2030年，电能占终端能源消费比重、非化石能源消费比重与全国平均水平基本持平。

5.1.3　能源产业经济蓬勃发展

要保障能源各领域协调经济发展，离不开电力系统的稳定调节能力。为促进新能源大规模、高比例、高质量、市场化发展，有效支撑以新能源为主体的新型电力系统建设，新疆立足"南风电北光伏"的资源优势，推进新能源及关联产业协同发展、组合发力，深入推进延链、补链、强链。重点推动煤炭、煤电一体化联营，合理布局支撑性调节性煤电，印发实施指导火电转型发展的相关政策。推动退役机组按需合规转为应急备用电源。在气源有保障、气价可承受、调峰需求大的地区合理规划建设调峰气电。深入落实《关于新形势下配电网高质量发展的指导意见》，提升配电网支撑保障能力和综合承载能力。强化迎峰度夏、度冬电力供需平衡预警，做好电力供应保障，加大供应紧张和偏紧地区的督促指导力度。优化抽水蓄能中长期发展规划布局。推动新型储能多元化发展，强化促进新型储能并网和调度运行的政策措施。压实地方、企业责任，推动电力需求侧资源参与需求侧响应和系统调节。

（1）推动综合能源服务新模式，实现终端能源多能互补、协同高效。扎实推进以沙漠、戈壁、荒漠地区为重点的大型风光电基地建设，全力推进新能源项目建设，打造准东、哈密北、南疆、喀什、若羌等千万千瓦级新能源基地，在试点示范项目引领和带动下，各类能源新技术、新模式、新业态持续涌现，形成能源创新发展的"聚变效应"。

（2）培育新动能新业态，突出推动新能源与储能、氢能耦合发展。积极推

动新能源与储能、煤化工、石油化工、电动汽车、新材料等产业集群耦合联动发展；加快智能光伏创新升级，推动光伏发电与农业、渔业、牧业、建筑等融合发展，拓展光伏发电互补应用新空间，大力培育本土光伏硅基、风电及输变电装备研发、生产、配套组件、运维服务等上下游全产业链，形成广泛开发利用新能源、以负荷带动电源、创新链带动产业链的循环互促模式。

（3）推进氢能、抽水蓄能等新型储能产业链发展。着力扩大抽水蓄能、电化学储能规模，打造集上游生产加工、中游管理系统、下游场景应用于一体的储能装备制造产业基地，积极推广压缩空气储能、光热、飞轮储能等新型储能技术和模式应用示范，推动中石化库车新能源制氢项目引领示范。

（4）大力推动能源技术与现代信息、材料和先进制造技术深度融合，依托"互联网＋"智慧能源建设，探索能源生产和消费新模式；支持能源各环节各场景储能应用，着力推进储能与可再生能源互补发展；支持新能源微电网建设，形成发储用一体化局域清洁供能系统。

5.1.4 能源惠民利民成效显著

坚持以人民为中心，加快实施能源惠民利民工程。

（1）扩大清洁取暖范围，因地制宜地稳步推进全国清洁取暖工作，清洁取暖改造范围进一步向边远地区和环境恶劣地区推进，改善居民取暖质量，扩大供暖面积，提升居民生活质量。根据《关于印发新疆煤改电二期工程实施方案（2022—2024 年）的通知》和《关于印发新疆煤改电二期居民供暖设施入户改造工程实施意见的通知》相关要求，大力实施电能替代，积极推进居民采暖电气化。农村煤改清洁能源深入实施，力争 2030 年新疆人均生活用电量与全国平均水平的差距大幅缩小。

（2）推动电动汽车及配套基础设施快速发展。截至 2020 年年底，全国纯电动汽车保有量约 400 万辆，占新能源汽车总量的 81.3%。"十四五"期间全面优化电动汽车充电设施布局，增强充电网络互联互通能力，加快充电基础设施建设，电动汽车保有量超过两千万辆。

（3）开展民生综合能源服。以满足社区用能为目标建设集中式能源站，开展供电、供暖、供冷、供气等综合能源服务，通过集约化管理提高能源效率，降低居民用能成本，并通过聚合管理为电力系统提供及时响应和辅助服务。

5.2 发 展 路 径

实现"双碳"目标，能源是主战场。党的二十大报告明确提出，积极稳妥推进碳达峰碳中和，深入推进能源革命，加快规划建设新型能源体系。新型能源体系的建设需要实现能源全流程、全环节协同发力和统筹发展。作为能源系统的核心组成部分，新型电力系统在一次能源向二次能源转换过程中发挥着关键作用，能够实现多种能源形式之间的灵活转换与高效利用，是连接能源供给侧与消费侧的重要枢纽平台。因此，以协同推进煤电、新能源、储能、负荷、智能电网、电—碳市场为重要抓手，以新型电力系统建设推动新型能源体系发展，是实现新型能源体系建设强有力的支撑路径。

推动构建新型电力系统的关键在于"能源业态转型"和"能源系统运行"，不仅是电网供给侧、电网侧、需求侧的转变，在产业形态和科技创新方面有所转变。能源业态转型即传统能源向新型能源的业态转型，包括产业生态的改变、科技创新的发展，例如新业务、新业态、新模式不断涌现，全新能源产业生态网的形成，能源开发、转换存储等多领域技术的创新，数字技术与能源技术的深度融合等；能源系统运行即多种能源协同运行，包括能源结构布局及能源利用方式，例如清洁能源占比的大幅提升，能源开发方式呈现集中式与分布式并举开发，电能应用范围的不断拓展，以电为基础的多能互补、终端能源替代逐渐成为主流等。因此，能源发展需做到以下五方面转变：

（1）能源配置格局更加科学高效。电网将在大规模广域优化配置清洁能源中发挥重要作用，并持续完善与煤炭、天然气等重要领域基础设施的互联互通、实现多能源品种互补互济，不断健全能源产供储销体系、实现新型能源体系流畅运转。

（2）能源供给结构将发生深刻调整。清洁低碳能源将大规模开发利用，逐步取代传统化石能源在能源体系中的主导地位。在守住能源安全可靠供应底线的基础上持续推动能源清洁低碳转型，非化石能源占一次能源消费比重逐步提升。

（3）能源利用方式将更加复杂多元。电能利用范围扩大，电动汽车、数据

中心、供电 + 能效服务等各种新型用能方式和服务需求大量涌现，终端电气化水平将快速提升。与此同时，电、气、冷、热、氢等多能互补、灵活转换，以电为基础的终端能源替代成为主流。能源利用方式更加多样化、个性化、综合化、互动化。

（4）能源科技创新将加快融合发展。围绕新能源开发，多能转换，先进储能，二氧化碳捕集、利用与封存（carbon capture，utilization and storage，CCUS）、能源系统控制等领域的新技术、新装备不断涌现，数字技术与能源技术深度融合，能源系统更加智慧、更加开放、更加高效、更加友好，能源领域科技创新实现从"跟跑、并跑"向"创新、主导"加速转变，成为推动能源发展动力变革的重要力量。

（5）能源产业生态将加速跨越升级。随着能源系统数字化进程不断加快，能源数据规模、质量将快速提升，并将与经济、地理、天气等多类数据深度融合。数字赋能背景下，大量充满活力的新型市场主体进入能源领域，传统能源企业转型加快，进而催生出综合能源服务、能源大数据、平台业务、能源聚合商等一大批新业务、新业态、新模式，产业链格局将发生深刻变化，形成全新的能源产业生态圈。

构建新型电力系统将有力支撑新型能源体系建设，新型能源体系建设路径如图 5 - 1 所示。

5.2.1 能源配置平台化

《"十四五"现代能源体系规划》（发改能源〔2022〕210 号）等文件提出完善能源生产供应格局，加强电力和油气跨省跨区输送通道建设，并不断加大能源就近开发利用力度，积极发展分布式能源等重点举措，推动我国能源配置平台化发展。

1. 优化新能源规划布局

立足资源条件及现有可再生能源产业基础，依托煤电、水电、抽水蓄能布局及产业链延伸需求，统筹考虑资源禀赋、电网接入消纳、生态环境和空间承载能力以及发展需求等因素，统筹新能源项目建设开发规划布局，尤其是把区域风电产业发展置于新疆建设全国能源资源战略保障基地总体布局，加大风能资源基地化、规模化开发力度，统筹优化风电布局和支撑调节电源，加快推进大型清洁能源基地建设。

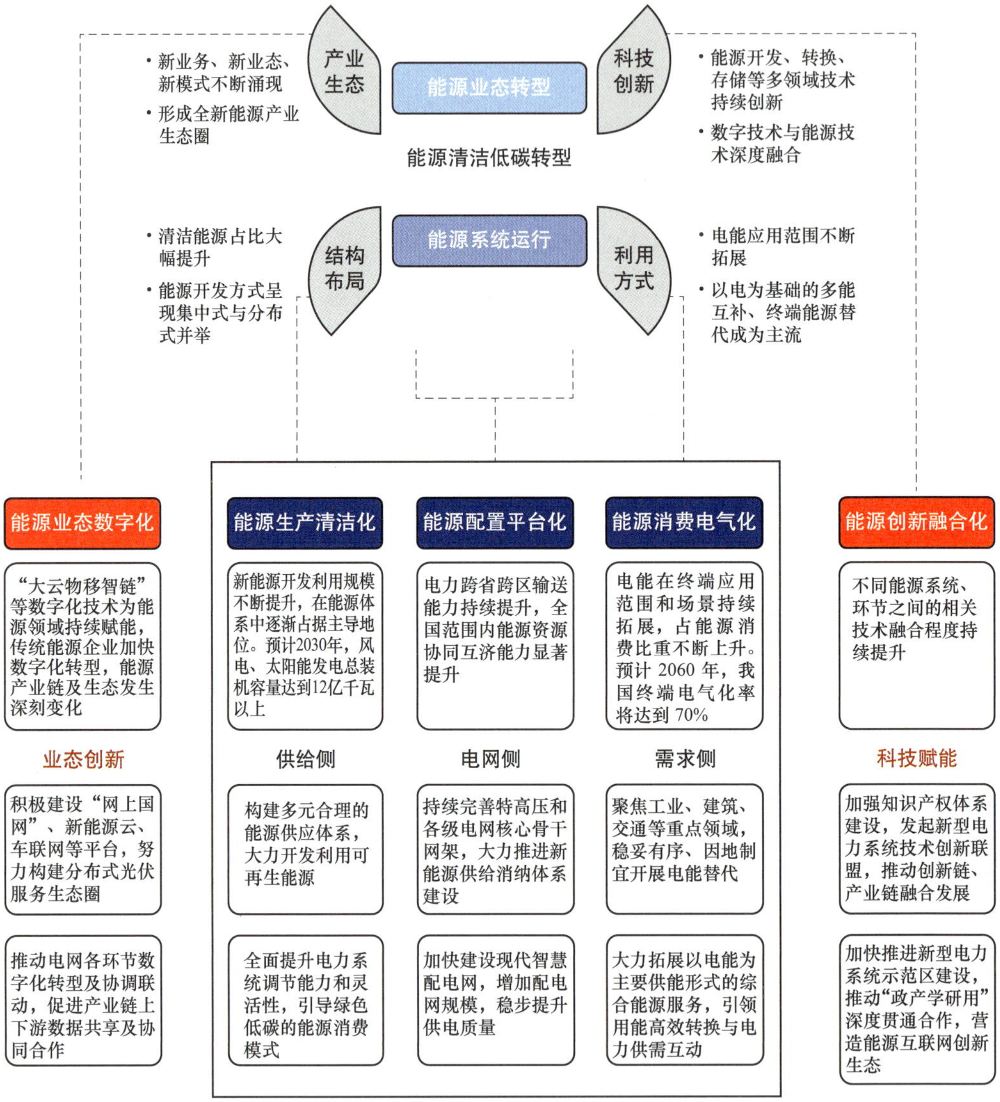

·新业务、新业态、新模式不断涌现
·形成全新能源产业生态圈
产业生态
能源业态转型
科技创新
·能源开发、转换、存储等多领域技术持续创新
·数字技术与能源技术深度融合
能源清洁低碳转型
·清洁能源占比大幅提升
·能源开发方式呈现集中式与分布式并举
结构布局
能源系统运行
利用方式
·电能应用范围不断拓展
·以电为基础的多能互补、终端能源替代成为主流
能源业态数字化
能源生产清洁化
能源配置平台化
能源消费电气化
能源创新融合化
“大云物移智链”等数字化技术为能源领域持续赋能，传统能源企业加快数字化转型，能源产业链及生态发生深刻变化
新能源开发利用规模不断提升，在能源体系中逐渐占据主导地位。预计2030年，风电、太阳能发电总装机容量达到12亿千瓦以上
电力跨省跨区输送能力持续提升，全国范围内能源资源协同互济能力显著提升
电能在终端应用范围和场景持续拓展，占能源消费比重不断上升。预计2060年，我国终端电气化率将达到70%
不同能源系统、环节之间的相关技术融合程度持续提升
业态创新
供给侧
电网侧
需求侧
科技赋能
积极建设“网上国网”、新能源云、车联网等平台，努力构建分布式光伏服务生态圈
构建多元合理的能源供应体系，大力开发利用可再生能源
持续完善特高压和各级电网核心骨干网架，大力推进新能源供给消纳体系建设
聚焦工业、建筑、交通等重点领域，稳妥有序、因地制宜开展电能替代
加强知识产权体系建设，发起新型电力系统技术创新联盟，推动创新链、产业链融合发展
推动电网各环节数字化转型及协调联动，促进产业链上下游数据共享及协同合作
全面提升电力系统调节能力和灵活性，引导绿色低碳的能源消费模式
加快建设现代智慧配电网，增加配电网规模，稳步提升供电质量
大力拓展以电能为主要供能形式的综合能源服务，引领用能高效转换与电力供需互动
加快推进新型电力系统示范区建设，推动“政产学研用”深度贯通合作，营造能源互联网创新生态

图 5-1　能源发展“五化”路径示意图

2. 推动多能互补一体化融合发展

（1）打造沙戈荒大基地高比例新能源外送示范。充分发挥存量在运外送通道能力，在推进“疆电外送”第一、二、三通道配套新能源项目建设的基础上，通过煤电深度灵活性改造，继续推动一批“沙戈荒”新能源项目通过存量在运通道外送消纳，提升新能源电量占比。对于新增特高压直流输电通道，通过应用新型交直流输电、新型储能、光热发电、先进安全运行控制等技术的协同应

用，提升输送新能源电量。

（2）推广多能互补一体化项目。支持"八大产业集群"高质量发展，全力支持用电需求大的电解铝、多晶硅、电解水制氢、现代煤化工等产业配套新能源，挖掘负荷项目内部灵活性调节能力和需求侧响应能力，进一步完善支持政策，按照"能批尽批、应批早批"的原则，新增一批园区级源网荷储一体化项目，加快存量电力源网荷储一体化项目建设，推动重点用能单位绿电替代，促进区域能源结构转型和经济社会发展。

3. 打造多能互补示范园区

（1）培育低碳零碳产业园区示范。鼓励准东经济技术开发区等已建成的重点工业园区化石能源替代，支持园区、大型生产企业与新能源一体谋划、一体推进，在工业园、大型生产企业、燃煤自备电厂等周边区域，因地制宜开展新能源电力专线供电，推动绿色电力直接供应、燃煤电厂绿电替代，鼓励企业大规模新建新能源，减少化石能源消耗，打造以绿电为主的低碳零碳能源供应园区，形成特色产业集群的绿色承载地，重点打造准东开发区、甘泉堡、石河子、独山子、巴州上库高新技术产业开发区等多个绿色低碳示范园区。

（2）打造智能微电网示范。针对部分场景下新能源难以通过大电网实现经济稳定消纳的实际，在新能源占比高的电网末端地区，建设一批"新能源+储能+低压交直流电网"的构网型风光储互补智能微电网建设试点，提高末端电网新能源消纳水平及自平衡能力，同时提升运行安全稳定性。在工业负荷较大、新能源资源禀赋相对较优的工业园区，开展智能微电网、分布式新能源、分布式储能一体化建设，打造源网荷储协同的智能微电网建设试点，提高智能微电网自调峰、自平衡能力，减轻大电网调节压力，提升新能源自我消纳水平和系统运行安全稳定性，源网荷储协同的智能微电网项目力争实现新能源全部自用，通过资源集成推动企业降本增效。

（3）支持分布式能源就地就近开发利用。在土地资源紧张、开发条件受限的区域，科学推广分布式光伏、分散式风电建设，支持在厂房、公共机构建筑物、交通运输场站、住宅区屋顶、农房屋顶等区域建设分布式能源，推动分布式光伏、分散式风电与乡村振兴、产业、交通、建筑、新基建融合发展。在工业用电负荷大、分布式光伏开发条件好的园区，探索建设源网荷储一体化绿色供电园区。支持具备条件的镇村采取"公司＋镇村＋农户"等模式，统一规划设计、打包备案，开展整镇村分布式开发建设。鼓励就近消纳、自发自用，通过配建储能等方式提高消纳能力。理顺分布式光伏、分散式风电与电网安全稳定运行之间的关系，进一步简化纳规、备案、电力接入等程序，确保分布式能源顺利实施，力争新能源开发节约集约化程度达到国内先进水平。

5.2.2　能源生产清洁化

能源生产供应清洁化突出体现为清洁低碳能源的大规模开发及利用模式的创新。我国将加快推进以沙漠、戈壁、荒漠地区为重点的大型风电光伏基地建设，推进清洁低碳煤电作为调节资源，促进新能源开发利用与清洁低碳煤电融合发展，引导全社会消费新能源等绿色电源，非化石能源发电将逐步转变为装机主体和电量主体。

1. 打造"新能源＋"多场景耦合发展模式

（1）"八大产业集群"发展。坚持以培育新质生产力和新动能为先，聚焦"八大产业集群"建设，推动新能源与算力、氢能、油气开发、现代煤化工、CCUS等产业集群一体谋划、联动推进，持续优化新能源开发布局。推进数能融合，推动"东数西算"与"疆电外送"协同发展，引进建设一批算力中心，通过配套新能源所发电量并网消纳、优化数据中心运行、整合新能源配套储能及数据中心内部调节资源、完善市场规则等方式，提升算力与电力协同水平，实现数据中心高比例绿电消纳利用，降低数据中心对电网保障容量需求，打造数据中心高比例绿电消纳示范，同时，因地制宜利用数据中心余热资源，满足周边地区用热需求。

（2）推进氢能发展。推动"电—氢"体系耦合发展，加快风电、光伏发电以及电网富裕谷电制氢，一体推进绿氢（氨、醇等氢衍生物）"制、输、储、用"研发推广，重点打造哈密、乌鲁木齐、克拉玛依、伊犁等氢能产业示范区，推动氢能在石化化工、现代煤化工、交通、电力等领域多场景应用，打造绿电制氢产销用示范。推进油气扩绿，加快油田所在矿区及周边区域风电和光伏发电集中式开发，将新能源融入油气勘探开发加工全产业链。

（3）一次能源产业链发展。建立新能源项目与油气资源留疆使用挂钩机制，推动增产油气留疆使用和燃气发电发展。推进新能源＋煤化工协同发展，落实国家现代煤化工布局方案，以准东、哈密煤制油气基地建设、准东现代煤化工

产业示范基地为重点，鼓励煤制油气、煤制烯烃、煤制甲醇等现代煤化工，通过源网荷储、点对点供"绿电"等方式，因地制宜、合理有序开发利用"绿电""绿氢"，推进现代煤化工与"绿电""绿氢"等新能源深度融合，持续推动现代煤化工绿色低碳发展。加快构建绿色高效、智慧便捷、融合开放的高质量充电基础设施体系，满足新能源汽车消费需求，推动矿山换电重卡大规模应用。推进光伏治沙，落实塔克拉玛干沙漠边缘阻击战，在沙漠边缘锁边带的空白区布局建设覆盖南疆四地州的光伏治沙带项目。

2. 有序推进其他清洁能源开发利用

（1）统筹水电开发和生态保护。积极推进在运水电站优化升级和扩机增容，加快推动有开发潜力水电核准开工，重点开发南疆叶尔羌河、开都河、阿克苏河等流域水利资源，积极推进大型水电项目建设，鼓励采用调相机组等技术，提高水能资源开发综合利用率。

（2）探索不同地热资源开发利用。开展浅层地热能集中规模化应用，优先发展水源热泵，积极发展土壤源热泵，探索发展空气能热泵，推动地热能利用与城市建设集中规划、统一开发，在住宅小区、公共建筑等开展地热能集中供能建设和改造。

3. 加快推动煤电机组改造升级

有序淘汰煤电落后产能，严格执行国家煤电淘汰落后产能有关标准，加大能耗水平高、污染物排放大的煤电机组淘汰力度，推进煤电产业结构优化升级。淘汰关停的煤电机组"关而不拆"，原则上全部创造条件转为应急备用和调峰电源。对于存量煤电机组持续推进煤电机组"三改联动"，重点推动供电煤耗在300克标准煤/千瓦时以上的煤电机组节能降碳改造、大型风电光伏基地配套煤电灵活性改造，提升煤电机组清洁高效水平，促进新能源大规模发展。视发展需求合理建设先进煤电，应用绿氨（绿氢）掺烧、碳捕集利用与封存等不同技术路线，实现煤电净零排放、清洁低碳发展，鼓励机组碳排放达到天然气发电水平。

4. 提升系统调节能力和灵活性

在未来相当长一段时间内新能源难以承担电力保供重任，目前煤电仍将是电力系统中的基础保障型电源。从当前技术来看，虽然一定比例抽水蓄能、新型储能可以解决高比例新能源发展带来的问题，但抽水蓄能及电化学储能受自然条件、建设周期、成本、技术等因素制约，煤电仍首当其冲作为当前技术最成熟、经济最优的基础保障电源。中远期，加快抽水蓄能电站和燃气电站等调峰电源建设。推进天然气调峰电站建设，进行煤电结构优化，有序开展煤电机组延寿运行、淘汰关停，大力应用清洁化技术，提高负荷侧灵活调节能力，促进新能源消纳。

5.2.3 能源消费电气化

在消费领域，要增强全民节约意识，倡导简约适度、绿色低碳的生活方式，反对奢侈浪费和过度消费。电气化水平是现代文明进步的重要标志，提升消费侧电气化水平是推动能源消费结构持续优化的重要途径。

1. 提升终端用能电气化水平

（1）积极稳妥推进电能替代。在冶金、建材等用煤行业推广应用电锅炉、电窑炉以及电炉炼钢，加快推进蓄热式与直热式工业锅炉应用。强化钢铁、有色金属、化工、建材、纺织等制造行业与可再生能源耦合发展。大力推进公共机构终端用能电气化，推广电排灌、电气化大棚等农业生产加工方式。深入推进绿色建筑创建行动，推动公共机构开展绿色建筑星级认定，推进既有建筑的绿色改造，新建居住建筑、公共建筑全面执行节能 75%、65%标准，新建民用建筑全面达到绿色建筑基本要求。推动发展"光储直柔"建筑，大力推广绿色低碳建材、建筑结构保温一体化技术等应用。推动煤炭、煤化工、钢铁等企业新建或改扩建铁路专用线，加大铁路电气化改造力度，提高铁路电气化牵引比重。

（2）统筹电气化发展与电力供应保障。结合各地区中长期电力供需形势，科学匹配新增用电需求与电力供应能力，合理安排各类电能替代项目建设运营时序。在电力供需形势相对宽松地区，结合工业、建筑、交通运输部门电能替代潜力和产业低碳电气化转型政策支持力度，积极推动实施技术成熟度高、经济性好、减污降碳效果明显的电能替代项目，更好满足终端用户日益增长的清洁电力需求。

（3）细化完善电能替代产业支持政策。在工业部门，通过拓展奖励、补贴等方式，对符合条件的工业电能替代技术的研发和具有复制推广应用价值的工业电能替代项目的实施予以支持，提升重点行业参与电能替代的积极性。在交通运输部门，加大充电基础设施建设运营补贴支持力度，引导企业联合建立充电设施运营服务平台，实现互联互通、信息共享与结算。推动建立发电侧与用

电侧联动的价格机制、研究电力与其他能源之间的比价关系合理化，确保价格信号的有效传递，改善现阶段经济性欠佳的分散式电采暖、工业点窑炉等替代项目的经济性，促进各类主体共享电气化发展红利。

（4）健全电气化发展市场机制。推动电能替代项目市场化运作，鼓励设备厂商及综合能源服务商以合同能源管理方式或设备租赁方式开展电能替代，减少用户一次性投资压力。支持电能替代用户参与电力市场竞争，与各类发电企业开展电力直接交易，增加用户选择权。探索由第三方代理，替代电力以集中打包方式参与电力市场化交易。

（5）推动电气化领域融通创新。建立跨行业科研联合攻关机制，融合各行业科研平台，根据各行业的工艺流程、技术发展趋势、电能替代需求、碳减排精细化核算等，共同开展各行业电气化关键技术研究。形成电气化产业链协同创新合力，推动新型储能、虚拟电厂等先进前沿技术创新，加速向宽场景，大规模商业应用转化。

（6）拓展以电能为主要供能形式的综合能源服务。推动电、热、冷、气多元聚合互动，助力智慧能源系统建设，优化完善新能源微电网、"光伏＋"应用等新业态的实施路径，培育新型商业模式，拓展多元化、定制化区域综合能源服务。推进"电能替代＋综合能源服务"业态融合发展，优选典型公共建筑、工业企业、园区和县域乡镇，鼓励开展电、热、冷、气等多类型能源混业售卖模式，以政府指导签订市场化协议的模式形成综合能源价格。

2. 开展新能源＋现代农业＋沙漠化治理＋生态旅游

以零碳生态为主题，依托新疆丰富的太阳能资源，将光伏电站与大棚设施等现代农业技术相结合，与畜牧业、植物种植相结合。鼓励利用农村地区田间地头、自有屋顶、设施农业等空间，就近开发利用风电、光伏发电，在具备条件的地区组织实施千家万户沐光行动、千乡万村驭风行动。将自然景观资源所具备的历史及艺术特点引入光伏基地中，打造"光伏入画，艺术光伏"主题，打造以自然资源为基础，光伏基地为亮点，古文化与新科技结合的全新旅游资源。通过新能源＋现代农业＋沙漠化治理＋生态旅游融合发展，改善生态环境，促进民族团结和谐，助力边疆地区巩固脱贫攻坚成果。

3. 积极推进基础设施建设

加强基础设施规划与城乡建设、电网等相关规划统筹协调，科学布局充换电基础设施。积极推广智能有序慢充为主、应急快充为辅的居民区充电服务模式，加快形成适度超前、快充为主、慢充为辅的高速公路和城乡公共充电网络，鼓励开展换电模式应用。加大资金支持力度，积极争取中央专项建设基金和国补资金，为充电基础设施建设提供资金支持。拓宽融资渠道，通过特许经营权等方式，鼓励社会资本参与充电基础设施投资、建设和运营。加大用地支持力度，将独立占地的集中式充换电站用地纳入公用设施营业网点用地范围，按照加油加气站用地供应模式，优先安排土地供应。鼓励在停车场、公交场站、高速公路和普通国省干线公路服务区、景区、住宅小区等场所建设充电基础设施。

5.2.4 能源创新融合化

科技创新是引领能源发展第一动力。能源科技创新有利于保障能源安全供应，有利于服务清洁能源发展，有利于服务能源消费优质供给。

1. 加强能源与信息技术深度融合

（1）增强能源科技创新能力。推动建设乌鲁木齐、昌吉、石河子等新兴能源产业创新集聚区，加快发展硅基、硅光伏、高效光伏、大容量风电、新型储能、碳基材料、高端电工装备等一批优势特色先进装备制造业，推进昌吉国家高新区特高压电网直流输电成套设备、智能电网用输变电成套设备等重点产业的关键核心设备研发应用。建立以企业为主体、市场为导向、产学研用深度融合的能源创新体系，鼓励产业链优势企业、高校、科研院所加强合作，共建绿色低碳产业创新中心，促进新质生产力发展。强化企业技术创新主体地位，鼓励企业积极参与并承担能源领域科技计划和重大专项任务，支持多元社会资本合作创新。创新人才培养模式，鼓励有条件的高等院校加快新能源、储能、氢能等学科建设和人才培养，鼓励校企开展产学合作协同育人项目。积极打造现代化"城市矿产"基地，推进退役动力电池、光伏组件、风电机组叶片等新兴产业废物循环利用。

（2）推动能源先进技术应用。做好国家能源领域首台（套）技术装备推广示范应用，探索依托能源工程推动技术装备创新示范应用的政策措施，建设实施一批国家重大科技示范项目。在新建新能源项目或老旧风机及光伏设备改造时，推进新型高效储能、高效光伏发电、大容量风电、低成本光热发电等技术研发应用，推进钙钛矿电池商业化产业化生产应用。加快信息技术和能源产业

融合发展，加强新一代信息技术、人工智能、云计算、区块链、物联网、大数据等技术在能源领域的推广应用。建设新疆"一带一路"能源大数据平台，加强能源数据资源共享和监测预警，防止光伏等能源行业中低端产能过剩。推动能源全产业链数字化智能化升级，推进智慧电厂等示范，提升能源基础设施数字化、网络化、智能化水平。

（3）加快多元能源＋跨行业融合。利用先进的信息通信技术，如 5G、智能传感器等，实现能源系统的智能化检测、控制和优化；多能互补融合日益紧密，风、光、水、热、气等能源形式以及储能系统相互协同，形成更加灵活高效的能源供应体系。能源与交通融合加速方面，如电动汽车与智能电网互动，以及氢燃料电池在交通领域的广泛应用。能源与建筑融合方面，打造绿色、智能的建筑能源系统，实现能源的就地利用和高效管理。

2. 加强电网枢纽与科技创新深度融合

（1）科技创新引领电网规划研究。加强基础、前瞻研究领域的研发投入，优先保障关键创新技术攻关支持力度，加强研究成果的示范应用。瞄准电力科技和产业发展制高点，实现电力高端芯片、关键核心部件、基础应用软件等国产化替代，把科技的命脉牢牢掌握在自己手中，保障电网的安全性、独立性和自主性。

（2）科技攻关行动计划助力电网建设。实施"新型电力系统科技攻关行动计划"，以"三加强"（加强源网荷储协同发展、加强绿色低碳交易市场体系构建、加强电力系统可观可测可控能力建设）、"三提升"（提升新能源发电主动支撑、提升系统安全稳定运行、提升终端互动调节）为攻关方向，统筹推进基础理论研究、关键技术攻关、标准研制、成果应用和示范工程。

（3）加强新型电力系统研究能力建设。面向电网发展新兴技术和核心技术领域，加强电力智能传感、区域能源互联网、大型变压器组部件等实验研究能力建设，加强重点领域国家级实验室培育与申报。完善实验研究人才引进和培养机制，不断完善实验研究基础条件，探索高端技术专家资源的灵活高效共享机制，充分发挥人力资源优势。

3. 加强消费终端与关键技术深度融合

（1）建设智慧能源服务平台。采用数字化技术和先进控制技术，充分调用工业可控负荷等各类需求侧灵活响应资源，大力推广用户侧储能、电动汽车智能充电、新能源汽车与电网能量互动等新模式，引导企业联合建立充电设施运营服务平台，实现互联互通、信息共享与统一结算。

（2）灵活调度提升消纳空间。充分利用充电场站与商业地产相结合模式，建设停车充电一体化服务设施，提升公共场所充电服务能力，统筹新能源汽车充放电、电力调度需求，推动电动汽车参与电网调峰和需求侧响应，提高用户匹配消纳新能源的能力和灵活互动水平，实现新能源电力优先存储和高效消纳利用。

（3）全面加强电力需求侧管理。充分挖掘电力需求侧资源调节潜力，滚动制定电力需求响应实施方案和有序用电管理预案，持续优化电力运行调度和用电负荷管理。依托虚拟电厂等先进控制技术，整合多种类分散需求资源，释放居民、商业和一般工业负荷用电弹性，统筹协调负荷与储能设备运行方式，推动需求侧资源参与电力市场交易，逐步将需求侧资源以虚拟电厂等方式纳入电力平衡。

4. 推动科技创新管理提升用能安全

（1）推动新型储能保障系统灵活调节。结合建设条件、应用场景、技术类型、系统运行等要素，推动新型储能多元化发展，支持电化学、压缩空气、氢（氨）、飞轮、热（冷）等新型储能多场景应用。重点依托系统友好型"新能源＋储能"、基地化新能源开发外送等模式，统筹布局电源侧新型储能、电网侧独立储能及电网功能替代性储能，推动构建电力源网荷储一体化模式，灵活发展用户侧新型储能。推动新型储能在大规模新能源消纳、分布式发电、电网功能性替代、微电网、用户侧移峰填谷等领域应用，在新能源快速增长地区积极部署构网型新型储能。探索研究新型储能在配网中提供转动惯量、快速调压、一次调频等辅助服务技术应用，积极引导建设支撑微电网可靠运行的新型储能。鼓励能耗水平高、无法错峰生产的工商业用户自建一定规模的储能设施，合理利用峰谷分时电价等政策，有效降低用能成本。研究探索氢储能等规模化长时储能技术的应用，满足日以上平衡调节需求。

（2）开展关键技术标准顶层设计。以畅通产业链合作为导向，编制"新型电力系统技术标准体系框架"，重点开展新型电力系统构建及运行控制、分布式新能源及微电网、新能源和储能并网、需求响应等标准制定，超前布局标准国际化方向。制定技术成熟度评价体系，筛选出一批前景广阔、成熟度高的新技

术、新产品，加快推广应用。

（3）营造能源互联网创新生态。加强科研协同创新，将原创技术策源地、现代产业链链长与技术创新联盟一体推进，以重大工程示范、重大项目攻关、重大科技基础设施建设、重大标准研制等为纽带，推动"政产学研用"深度贯通合作，保障产业链供应链安全稳定。

5.2.5　能源业态数字化

能源电力发展面临保障安全可靠供应、加快清洁低碳转型、助力实现"双碳"目标等重大战略任务。电网是能源转换利用和输送配置的枢纽平台，提高电网数字化水平是数字经济发展的必然趋势，也是构建新型电力系统、促进能源清洁低碳转型的现实需要。

1. 构建能源系统数字化体系

（1）加快构建多元能源系统的大数据中心服务体系。坚持"平台＋服务＋生态"协同发展模式，整合跨专业、跨领域资源，创新能源大数据中心的商业模式、服务和产品。

（2）提升资源高效配置的智能互联能力。发挥能源数据要素的放大、叠加、倍增效应，大力开展综合能源服务，支撑电网向能源互联网升级，实现电、热、冷、气、氢的"横向"多能互补和高效利用，促进全社会能效提升。

（3）构建能源业态生态圈。"大云物移智链"等新一代信息技术的发展将推动能源产品及服务的互联互通，打造覆盖所有生态主体的价值网络，为能源生态各类主体提供多元化服务，降低能源全过程服务和管理成本，为能源领域相关企业建设能源生态提供共生土壤，提升能源服务水平。

2. 推动电网数字化智能化升级

（1）加速提升新能源友好并网数字化水平。数字技术的广泛应用能够实现对海量新能源设备的电气量、状态量、物理量、环境量、空间量、行为量的全方位感知，并通过大数据分析与智能决策，有效提升新能源发电出力预测精度、运行调控智能水平。

（2）提升电力系统数字化转型。推进电力系统和网络、计算、存储等数字基础设施融合升级，实现电力系统生产、经营管理等核心业务的数字化智能化转型。全面建成动态"电网一张图"，主配网数据准确叠加率达到 98% 以上、日完整率达 95%以上。深化电力系统数字化平台建设应用，打造多种通信技术相融合的电力通信网，推动北斗规模化应用，推广应用国产化设备，提升能源电力全环节全息感知能力，提升分布式、电动汽车和微电网接入互动能力，实现源网荷储协同互动、柔性控制。创新应用"云大物移智链边"等技术，实现源网荷储协调发展，推动各类能源互联互通、互济互动，支撑新能源、新型储能、新型负荷大规模友好接入。加强电网资源共性服务建设，全面提高电网优化配置资源、多元负荷承载和安全供电保障水平。强化新型电力系统安全保障，通过应用无人机巡检等技术，推进电力行业区域应急力量建设，不断提升安全应急处置能力。

（3）优化多能源调度数字化管理。加快新型调度控制技术应用，做好调度与电力市场的衔接，推动构建适应新能源大规模高比例接入、源网荷储融合互动、智能化水平大幅提升的调度系统。构建全景观测、精准控制、主配微网协同的新型有源配电网调度模式，提升配电网层面就地平衡能力和对主网的主动支撑能力，实现分层分区优化。创新一体化协同调度模式，组织各类资源协调优化后整体作为独立单元进行一体化调度，提升新能源消纳能力和对大电网的平衡支撑能力。研究实施柔性交直流输电、直流组网、分布式智能电网、直流配电等先进技术示范应用。加强跨区域风光水火储联合运行，支撑源网荷储协同控制和分布式智能电网快速发展。

3. 充分激活用户侧资源灵活互动能力

（1）实现终端用户数据互动。终端用户数据的广泛交互、充分共享和价值挖掘，提升终端用能状态的全面感知和智慧互动能力，满足各类用户个性化、多元化、互动化用能需求。

（2）多元负荷聚合互动。加快数智化支撑新型电力系统市场化变革，推动多元化主体参与的市场格局加快形成，不断催生负荷聚合服务、综合能源服务，需求侧响应、虚拟电厂等新业务、新模式、新业态，提升了市场新活力。

5.3 发 展 展 望

"十四五"以来，可再生能源发展呈现大规模、高比例、市场化、高质量发

展新特征。新疆作为国家重要能源战略保障基地，以国家"三基地一通道"为建设重点，以构建"清洁低碳、安全高效"能源体系为目标，以"八大产业集群"为支撑，抢抓新能源发展机遇，大力推进非化石能源迭代发展，全力推进集风、光、水、火于一体的现代化能源基地建设，加快构建新型能源体系，形成一个总体规划（能源"十四五"规划）＋三个实施方案（新型电力系统、煤炭、石油天然气高质量发展实施方案）＋五个专项规划（电力、可再生能源、煤炭、石油天然气、能源技术创新"十四五"规划）的能源绿色低碳发展政策体系。

展望 2035 年，新疆新型能源体系先行区基本建立，新型电力系统的关键支撑作用充分彰显，能源生产供应和资源调配对全国能源安全保障发挥重要作用，非化石能源消费比重超过 33%，新能源供给消纳体系日臻成熟，终端低碳高效用能格局基本形成，先进前沿技术应用带动能源生产力大幅提升，现代化能源产业链供应链基本建成，能源产业成为新疆特色现代化产业体系的支柱和动脉，能源基本公共服务供给优质可靠。新疆各类能源发展展望图如图 5-2 所示。

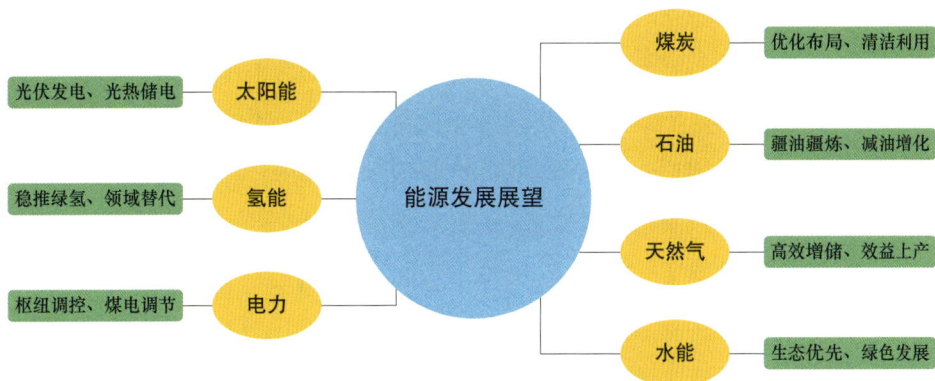

图 5-2　新疆各类能源发展展望图

5.3.1　煤炭：优化布局、清洁利用

统筹区域资源供给、环境容量、区位条件、产业基础等因素，按照"基地化、规模化、集约化、集群化、循环化"产业模式，布局"重点集聚、多点分布"的产业发展蓝图，促进煤炭及相关产业转型升级发展。坚持保障国家能源安全，在运输条件较为便利的区域布局大型煤炭生产基地，保障区内煤炭自用的同时，优先保障国家煤炭、电力稳定供应；坚持清洁低碳、节能高效，在风

光资源丰富地区布局调节煤电，在大型煤炭产区布局坑口煤电煤化工项目，积极实施煤电和煤炭、煤电和新能源"两个联营"，推动煤炭、煤电、煤化工与新能源深度融合；坚持安全可靠，有序在电网薄弱地区布局支撑煤电，提升供电能力，最终形成区内分工合作、各具特色的有序竞争格局。

1. 优化煤炭产能规模和生产布局

统筹煤炭资源禀赋、开发强度、市场区位、配套转化、环境容量、输送通道等要素，加快优化煤炭产业开发布局，大幅提升煤炭先进优质产能比重，为以沙漠、戈壁、荒漠地区为重点的大型风电光伏基地配套煤电项目以及准东、哈密煤制油气战略基地提供煤炭资源保障。结合疆内大型煤炭基地开发和新能源产业发展，依托现有产业基础，在准东、哈密规划布局现代煤化工产业示范区，强化准噶尔、吐哈、库拜、伊犁、巴州及南疆三地州等大型煤炭生产基地建设，推动产业集聚发展，提高煤炭安全稳定供给能力与供给弹性。2030年新增煤制气、煤制烯烃产能分别达到150亿立方米、300万吨，现代煤化工新增耗水量1.1亿吨/年。

2. 完善煤炭应急保障储运机制

加快建立健全以企业社会责任储备为主体、地方政府储备为补充，产品储备与产能储备有机结合的煤炭储备体系，在燃煤发电厂相对集中区域建设大型全密闭煤炭应急储运中心，在南疆煤炭资源匮乏地区建立一批储煤基地。统筹考虑常规状态和非常规状态两种运营模式，非常规状态下，以煤制油气为主，着力保障国家能源战略安全；常规状态下，考虑市场经济条件下生产高附加值化学品，实现油—气—化联产，部分高端产品实现进口替代，提高产业集群的抗风险能力和经济效益。注重保护性开发、战略性储备，预留1000万吨/年煤制油、200亿立方米/年煤制天然气转化能力，做好煤炭、水、土地等的预留储备，紧急状态下可迅速启动，形成生产能力。

3. 提高煤炭清洁高效利用水平

（1）推动煤电向适应大规模高比例新能源方向演进。一方面，推动煤电由电力电量主体电源，转为电力电量并重的支撑性和调节性电源。鼓励在役煤电机组灵活性改造，强化对新能源消纳的支撑能力。对完成灵活性改造的公用机组，按一定比例给予新能源规模配置。另一方面，挖掘在役煤电机组低碳改造潜力，有序提升煤电机组建设标准。新建煤电机组以大容量、高参数、高效率

机组为主，除特定需求外，原则上采用超超临界机组。探索开展煤电机组大比例掺氢燃烧。

（2）加快 CCUS 技术发展。一是加快 CCUS 等负碳技术发展和应用，适时超前部署 CCUS 大规模示范项目。二是结合煤化工工业流程中产生二氧化碳浓度较高的有利条件，研发和试验二氧化碳高值化利用技术（如二氧化碳低成本合成甲醇、碳酸二甲酯、聚酯等），为碳中和目标的实现建立技术储备。三是完善相关标准体系，明确煤电、煤化工等行业通过碳捕集项目净减少二氧化碳排放量的核算流程和方法，推动碳捕集项目减排价值的实现。四是强化激励机制，探索 CCUS 项目纳入碳市场交易，为二氧化碳捕集驱油、煤电厂部署 CCUS 等项目提供税收优惠和补贴机制等支持政策。

4. 煤炭高端化、低碳化、多元化发展

（1）推动现代煤化工产业集聚集约发展，提升煤化工产业与下游产业融合发展水平，推动全产业链生态化。不断探索实现"煤炭—煤电—煤化工"等多元融合发展，采取煤化电热一体化、多联产方式，大力推动现代煤化工与石油化工、盐化工、化纤、纺织、电力、新能源、冶金建材等产业融合发展，提升产业集群附加值。充分利用新疆氯碱化工及聚氯乙烯产品在全国的优势地位，大力推动煤制烯烃与氯碱化工融合，推动以新循环经济模式实现无汞化发展聚氯乙烯。充分依托新疆纺织产业发展机遇，促进煤制芳烃—煤制乙二醇—聚酯产业链与纺织产业的融合。促进低阶煤热解与洁净煤发电融合，实现节能减排。引导焦化或低阶煤热解与煤制芳烃融合，推动焦油精深加工。加快煤化工与新能源耦合低碳化发展，发挥氢能纽带作用，将可再生能源制氢补入煤制甲醇、煤制烯烃、煤制合成氨等煤化工生产过程，降低生产过程碳排放。

（2）鼓励存量煤化工项目开展节能降碳技术和装备升级改造，提高新上煤化工项目能源效率和减碳门槛。有序推进煤制油气战略基地建设，提升我国油气自给能力。充分发挥新疆哈密等地区富油、高油煤炭资源特点，持续推进煤炭分级分质梯级利用，加大快速热解、加氢热解等新一代技术研发攻关，推进气化热解一体化、气化燃烧一体化等技术创新。针对资源储量大、成煤时期晚、挥发分含量高、反应活性高富油率高的低阶煤，加快油品、天然气、化学品和电力等一体化联产技术研发，重点发挥塔里木盆地、准噶尔盆地二氧化碳地质储存潜力较大的优势，推动煤炭智能绿色开采、超临界二氧化碳发电、煤电机

组升级改造、先进煤化工等技术研发及示范应用，建设二氧化碳规模化捕集、封存、驱油和制化学品等示范工程。鼓励集成低阶煤中低温热解、煤基多联产、燃煤发电超低排放、煤基可降解材料等技术。推动煤炭产业与新能源融合发展，开展新能源发电制氢与现代煤化工耦合发展等试验示范，合理有序开发利用"绿氢"，推进炼化、煤化工等产业与"绿电""绿氢"耦合。2030年低阶煤新增利用规模达到6000万吨。

（3）加快构建终端产品高端化、差异化、低碳化发展的新格局。推进推动高含油煤直接液化，中高含油煤作为中低温干馏的原料，低含油煤以及干馏半焦用于先进煤气化。推动煤化工产业链向下游延伸，产品向高端专业化学品、化工新材料方向延伸。鼓励废塑料、废机油、废橡胶等大宗化工废材料回收利用，提升废材料资源化循环利用水平。发挥煤制油、煤制天然气、煤炭分质利用、现代煤化工等多种产业路线组合优势，积极拓展煤制油气、煤炭分质利用、现代煤化工下游产业链，延伸生产石油基无法生产及实现进口替代的高端化学品。根据工艺路线设置催化裂解单元、烯烃转化单元、聚苯乙烯单元等化学品生产单元，生产高附加值的聚苯乙烯、纤维级聚酯切片等煤制油下游高端化工产品；增加费托蜡处理单元和高碳醇单元，生产高熔点费托蜡、高碳醇等中高端化工产品。推动煤炭由燃料向燃料原料并重转变，积极推进煤炭分质梯级利用，推动多种污染物高效联合脱除和资源综合利用，促进煤炭转化向高端高固碳率产品发展，促进煤炭煤电煤化工产业高端化、多元化、低碳化发展，构建以煤炭清洁高效利用为核心的循环产业链。

5. 加快完善"疆煤外运"运输体系

以煤电基地为基础，带动疆内新能源开发及外送，加快外送通道及配套电源建设，持续优化"疆煤外运"路网布局，构建以兰新、临哈、鄯敦、库格线为主体的"一主两翼一辅"煤炭外送通道。大力提升"疆煤外运"铁路运力，进一步向华中和西南地区延伸煤炭外输范围，挖掘兰新—陇海、兰新—兰渝、库尔勒—格尔木以及疆内乌鲁木齐—准东等铁路运力潜能；新建鄯善—敦煌疆煤外运通道，加快将军庙—淖毛湖铁路建设；推动北翼铁路通道扩能建设（将军庙至淖毛湖增建二线、布拉克至梧桐水双线）项目建设实施；推动实施临河至哈密、格尔木至库尔勒铁路增建二线工程。到2025年末、2030年末分别形成"疆煤外运"铁路通道煤运能力1亿吨/年、2亿吨/年，2035年"疆煤外运"铁

路运力进一步增长。

5.3.2　石油：疆油疆炼、减油增化

新疆是我国石油产量的重要战略接替阵地之一，石油生产加工产业是新疆的经济支柱产业。依托丰富的油气资源，新疆石油化工产业得到较快发展，建成了独石化、乌石化、克石化、塔河炼化四大石油化工加工基地，新疆石油资源勘探开发步入高速发展快车道，形成了由东到西、由北到南全面勘探开发的态势。为推动石油生产长期保持增长，将不断加大准噶尔、塔里木、吐哈三大盆地油气勘探开发力度，构筑现代石油工业体系，延伸产业链打造产业集群，促进"疆油疆炼、减油增化"，保障中东部地区能源供应，完善我国西北能源战略通道。

1. 加快高效勘探效益开发

准噶尔和塔里木是新疆的石油生产支柱盆地，资源和产量规模决定了这两个盆地仍将是新疆未来主要的增储和增产盆地，勘探开发仍将主要在这两个盆地的有利区展开。勘探方面，将以发现优质规模储量为目标，大力推进高效勘探，强化传统地区集中勘探，加大新区新层系风险勘探，深化老区精细勘探。开发方面，将以加快储量动用为目标，积极推进效益开发，充分利用先进技术和信息化手段，提高储量动用程度；深化措施挖潜，配套完善工艺技术，不断提高增产措施效果；推动提质增效，减少低效无效投入，降低能源资源消耗，提高开发效率、效益和减少二氧化碳排放。

2. 积极发展清洁能源替代和负碳技术

（1）绿能替代。以绿色清洁能源替代传统化石能源，积极在油气田建设光伏发电、风力发电，替代燃煤和柴油发电，发展油气田余热回收利用，降低化石燃料消耗。

（2）能效提升。考虑老油田问题，节能减排上，做实主要耗能系统提效降耗，加大"能效提升"项目实施力度，推进全系统、全过程、全方位控总量、降损耗、提能效。

（3）加大火炬放空气回收，开展油气生产全产业链甲烷排放核查、重点环节甲烷排放监测工作；加强油田伴生气、试油试气、原油集输系统的甲烷回收利用。

（4）大力攻关 CCUS 负碳技术，推动 CCUS 尽快实现商业化，CCUS 是实现碳达峰碳中和重要的负碳技术，目前还处于示范阶段。准噶尔盆地碳源丰富且与油田较匹配，有利于 CCUS 全产业链发展。近中期来看，新疆油田要积极发展二氧化碳驱油，早日实现驱油商业化；长远来看，碳价上升和成本下降将支持枯竭油气田二氧化碳封存服务。

3. 推动石油石化产业向"深""长"扩展

依托南疆原油、天然气、轻烃、凝析油等多种资源，实施"中石油准噶尔盆地油气开发"项目，以玛湖地区 500 万吨上产工程、吉木萨尔页岩油建产工程、南缘建产工程、老区千万吨稳产工程四方面为抓手，重点推进中石油乙烷制乙烯、中石化塔河炼化扩建、顺北油田开发配套乙烯项目建设，积极打造克拉玛依、乌鲁木齐、南疆、吐哈这四个石油化工千亿级产业园区，以独山子石化的百万吨乙烯为原料延伸烯烃产业链、发展合成材料下游产业链；以克拉玛依石化的高等级润滑油和食品级白油发展布局精细化工；以乌鲁木齐准东产业园和乌石化的百万吨芳烃项目为支撑，向下游延伸芳烃产业链。石油化工产业链自上而下环环相扣，将推动芳烃特色产业链和轻烃化工创新链深度融合，实现从"一滴油""一方气"到"一块布""一件衣"的华丽转变。

4. 加快调整石油炼化结构

新疆主要有克拉玛依、独山子、乌鲁木齐、塔河四大国有炼化基地，"十三五"期间，自治区内四大炼化基地累计生产成品油 6948 万吨，未来，随着新疆油气产量稳步提升以及油气基础设施不断发展完善，需要提高原油就地加工率和化工产品比例，充分挖掘区内炼厂的炼油潜力，合理调整炼化结构，在保障疆内成品油需求的基础上，做精炼油、做强化工、增产乙烯。支持独山子石化进行炼油结构调整和聚苯乙烯 GPPS 单元技术改造，新建 270 万吨/年柴油加氢裂化、80 万吨/年乙烯裂解及下游装置。鼓励克拉玛依石化根据稠油开采情况进一步提升稠油加工规模，利用悬浮床加氢等技术实现稠油资源高价值利用，结合合成气费托合成技术生产高档合成蜡。积极开展库尔勒百万吨级乙烷制乙烯及配套工程前期研究工作，增加公司炼化产品产量和种类，发展高端化工产品，根据乙烯原料利用情况，适时扩大轻烃回收规模。推动顺北原油蒸汽裂解百万吨级乙烯示范项目建设，以 100 万吨/年乙烯装置为龙头，下游配套建设聚乙烯、聚丙烯、碳四选择性加氢、裂解汽油加氢、芳烃抽提等生产装置。按照"差别化、低成本、树品牌、高端化"化工业务战略，推进化工新产品开发和生产。

5.3.3　天然气：高效增储、效益上产

2022 年我国油气自给保障率同比提升约 2 个百分点，其中天然气自给保障率从 55.7%提升至近 60%，能源供应安全的资源基础得到进一步巩固。新疆作为全国天然气三大供应基地之一，将继续加大勘探开发和增储上产力度，加强天然气基础设施建设，完善"全国一张网"；深化油气体制改革，完善天然气市场体系；推动天然气产业降碳提效，支持油气企业从传统油气供应向综合能源开发利用转型发展；加强天然气与多种能源协同发展，构建多能互补格局；持续深化国际交流与合作，构建开放条件下的天然气供应安全体系。

1. 加大勘探开发力度，促进增储上产

综合调整规划已开发的天然气气田，依托塔里木油田、准噶尔和吐哈盆地等油田资源，强化新区建产一体化，通过集中勘探、高效勘探，落实规模效益储量，实现"一稳两加快"。

（1）重点加强含油气盆地地质勘查、老油气区新领域的深度挖潜，继续加大塔里木、准噶尔和吐哈盆地勘探力度，尤其是重点核心区，落实储量规模。

（2）加强产能建设。在确保新疆天然气生产基地产能稳定的基础上，加大投资力度提高产能建设。强化已开发气田稳产，加大老气田综合治理，重点实现产量稳中有升；有序开展新区产能建设，实现规模效益开发，资源良性接替。

（3）增强天然气储备能力。加快国家天然气储备基地建设，鼓励商业储备。推动储气调峰设施建设，尽快形成"供气企业 10%、城燃企业 5%、地方政府 3 天"的储气能力。

2. 优化产业结构，促进产业链融合发展

考虑天然气的清洁能源属性，明确天然气在能源转型中的重要定位，发挥气电、天然气制氢、液化天然气加注等天然气产业环节在电力、氢能、交通领域的关键支撑作用，宏观把控业务结构和发展进度，对现阶段重点业务予以资金扶持、技术引导和政策优惠，同时援助面临衰退淘汰的业务有序退出。鼓励天然气与其他化石能源、新能源、数字经济以及各用能部门的协调配合，打破产业间的体系壁垒；引导行业间信息数据披露共享，以综合能源服务为切入点搭建交流合作平台，提高不同种类能源间的耦合程度，培养天然气产业新的经济增长点。在消费侧，天然气通过因地制宜地与可再生能源多能互补，集供电、

供气、供冷、供热于一体，为用户提供高效、智能的能源供应和增值服务，再加以用户需求管理，推动可再生能源就地生产、就近消纳，提升能源综合利用效率，并降低对电网系统的依赖。

3. 完善"产供储销"体系，推进市场化改革

（1）在生产供应方面，继续加大对国内天然气尤其是非常规气、深海天然气勘探开发的支持力度，对进口天然气加强地缘政治风险研判，谨慎调整进口资源国配置，组合应用长期合同和现货交易方式，提高议价能力。

（2）在储气方面，完善天然气战略储备管理机制，提高储气设施规模和应急风险防控能力，发挥储气库商业和金融功能吸引社会资本注入。

（3）在管输方面，加快推进"西气东输"四线等重大项目建设，积极推进新疆煤制气外输管道工程，优化西北陆路进口油气战略通道和配套干线管网布局，及时跟进中亚 D 线、中俄西线项目实施进展，积极开展疆气入青、中哈原油管道延伸至格尔木项目可行性研究，适时推进项目前期工作，持续推进天然气管网改革，完善"全国一张网"的管网设施规划建设。

（4）在天然气消费端，优化天然气资源市场化配置，推进天然气销售市场化和价格市场化，加快天然气交易中心建设，完善天然气储备和调峰体系；配合国家推进油气管网运营机制改革，推动实现管输和销售分离，保障公平接入；推动加快落实矿业权转让交易、资料共享等配套制度，完善矿权竞争性出让方式和程序，吸引民营资本、外资等多元主体进入油气勘探开发环节，盘活油气探明储量。

4. 持续推动油气勘探开发科技创新

全面加强油气领域前瞻性、基础性、战略性科技研发，做到基础研究与工程实践结合，持续推动油气勘探开发科技创新。开展适配性工程工艺技术、降本增效等研究，突破特深层油气藏、页岩油气藏、特深井自动化钻井、旋转导向钻井、CCUS 等核心技术装备瓶颈，提升低渗透、高含水老油田提高采收率技术以及深层油气勘探开发技术水平。创新深煤层成藏机理认识、储层改造和差异化排采工艺，强化采收率技术攻关应用，深挖油气领域清洁低碳利用及数字化智能化发展潜力。鼓励开展页岩油示范区建设，推进油砂、页岩油资源调查评价，进一步提升疆内油气资源勘探开发效率。

5.3.4　水能：生态优先、绿色发展

新疆水资源短缺，水源涵养能力不足，生态环境脆弱。从能源开发用水看，发展现代煤化工耗水量大，疆内部分主要水源水资源开发利用率长期超过一般流域 40%生态警戒线。从生态环境约束看，能源资源丰富区与生态保护红线区存在一定的重叠，资源开发进展缓慢，能源资源开发过程中存在占用林草地现象，能源生产主要污染物排放空间收窄。因此，必须贯彻生态优先、绿色发展理念，把水资源和生态环境约束放在优先位置。

1. 优化电源结构，科学规划探索抽水蓄能电站发电模式

水电具有来源清洁、运行成本低等优点，科学合理地开发水电资源对于可持续发展意义重大。充分发挥抽水蓄能电站高效的储能优势，提升电网运行的稳定性和可靠性。优化开发水电资源，探索用常蓄混合式水电站型式开发模式，合理科学规划常蓄混合式水电站、纯抽水蓄能电站的容量开发比例，对已建中高水头水电站进行技术改造，大幅提高水电资源的开发容量以优化电源结构，满足清洁能源替代、能源电力安全稳定所需的容量、电量需求优化开发水电资源。

2. 提高水资源循环利用率

水资源的循环利用是节约水资源的有效途径之一。污水、废水的回收利用能够有效减少城市供水的压力，有利于缓解水资源危机，必须重视对污水、废水的回收。污水、废水的回收应从多个方面入手，其中，工业内部的水循环利用与重复利用最为关键。城市污水回收用于工业虽然需要进行复杂的水处理，但在水资源短缺的地区，仍不失为一种科学、合理的水资源利用手段。此外，还可以将城市污水用于公用设施、住宅厕所冲洗、绿地灌溉、景观用水等方面，保证水资源的最大化应用。

3. 合理规划水资源

为了保证水资源利用的有效性，需要对地区的水资源进行全面规划。

（1）产业调整。根据地区的产业结构情况，结合市场内外的实际情况进行适当的调整，保证在地区经济发展的基础上，尽量减少水资源的损耗。

（2）污水处理。重视对工业污水的处理，例如，建立水循环系统等，进一步提高水资源的利用率。

（3）应用先进的技术。了解先进的节水技术，在工业用水的场所配备完善

的供水设备，并结合实际情况对设备进行改进、升级，进一步减少水资源的浪费，实现水资源的最大化利用。

4. 建立完善的高效节水灌溉体系

农田水利资源节水灌溉系统作为当下我国基础设施建设中不可或缺的保障性项目，可以有效调节水利资源配置，以充分发挥水资源的最大利用价值，更好地缓解、解决淡水资源供应不足、水资源污染等问题，从而更好地改善农村生态环境质量，真正为当地居民营造生态和谐的良好环境。完善农田水利资源节水灌溉体系，推广实施喷灌技术、微灌溉技术、渠道防渗技术、步行式及雨水、冰雪融水蓄积灌溉技术，不仅能够推动节水灌溉设备的产业化发展，在改变传统粗放型灌溉方式的同时，还能不断提高节水灌溉效率，推动现代农业的高质量发展革新。

5.3.5　新能源：风光发电、光热储电

新疆风光资源可开发量位列全国前列，开发潜力巨大，一直以来都是新能源产业的发展重地。近年来，新疆不断"追风逐日"，在资源条件优良的大型新能源基地积极稳妥有序布局风光发电项目，有序推进大型风电、光伏发电项目的建设，目前，新疆新能源产业链基本完善且新能源产业聚集区初步形成，并初步建立了新能源产业服务体系，未来，还需要在技术、产品、应用场景、运营模式等多个维度进行创新探索，为助力地方能源结构、产业结构、经济结构转型升级点燃"绿色引擎"。

1. 加大投资力度，大力推进风光储一体化项目建设

（1）储热型光热发电与光伏、风电等波动性电源共同互补，不仅能够发挥光热发电的储能和调峰能力，体现光热作为调峰电源支持新能源发展的作用，还能利用近年来风电光伏成本快速下降的成果，充分释放光伏、风电的低成本优势，填补用电高峰期的光伏发电的电力供应缺口，有效提升能源利用效率和经济效益。

（2）积极推进"光伏＋储能"方式推动"网源荷储"协同发展，统筹协调光伏、光热规划布局，以哈密、昌吉地区为重点，结合以沙漠、戈壁、荒漠地区为重点的大型风电光伏基地建设项目和特高压直流第四、第五通道电源配置方案，积极推动光热发电项目技术创新示范、规模化产业化发展。

2. 加强科技创新，推动新能源企业转型升级

科技创新是推动新能源产业转型升级和技术创新的根本抓手，是新能源产业实现碳中和的关键驱动力和必然选择。

（1）加快新能源产业的数字化进程，努力打造新型能源技术装备，促进北斗系统、5G、区块链等新技术新装备融合，推动高尖端技术在新能源领域的应用。

（2）培养技术人才，建设新能源科技创新平台、研发中心、工程研究中心或重点实验室，积极开展技术研究、技术储备、技术积累，抢占能源科技制高点，逐步构建以市场为导向、以企业为主体、以产学研深度合作为牵引的创新体系。

3. 调整产业布局，促进新能源企业提质增效

新疆以落实"三基地一通道"发展战略为契机，倒逼新能源企业调整布局，优化产业结构，加快新能源产业集群分布。

（1）促进局域智能电网和微电网等技术的应用，加快推进跨省跨区电力市场平台建设，促进电力资源的流通，有效发挥大电网综合平衡的能力。

（2）多元化开发利用新能源资源，创新"新能源＋"模式。除了"新能源＋储能"发展模式外，还需继续加大风光、水风光、风光火储、区域耦合供暖等协同发展，通过"新能源＋园区"集成优化实现供能、消费与需求相结合，通过"新能源＋建筑"实现建筑节能和就地消纳，通过"新能源＋交通"提高高速公路服务区、边坡利用效率，通过"新能源＋通信"建立绿色高效的数据中心。

（3）逐步探索"新能源为主、多能互补、发储结合、智能调控"模式下的智能新能源微电网综合开发和应用，运用网络通信技术、智能控制技术等现代化手段实现网内的智能控制和网间的远程调度，保障并网供电系统的稳定性。

5.3.6　氢能：稳推绿氢、领域替代

新疆汇聚优势资源，聚焦氢源开发、氢能应用统筹全区氢能产业布局，在大型新能源基地有序布局实施规模化可再生能源制氢示范，推动氢能在石化化工、现代煤化工、交通、电力等领域多场景应用，重点推进绿氢在石化化工和现代煤化工领域替代灰氢、氢燃料电池替代化石液体燃料，以及电—氢转换助力新能源消纳等领域的示范应用。

1. 推动氢能装备产业发展

积极推动制、储、运、加、用等氢能相关装备产业发展。

（1）培育制氢装备产业。结合大型新能源基地建设及水资源储量和分布，在哈密、准东、巴州、准噶尔、南疆环塔里木等千万千瓦级新能源基地以及资源条件良好的多个风电集群、光伏发电集群，以源网荷储一体化方式开展可再生能源制氢、氢能规模发电、合成氨、甲醇等试点项目，积极开发工业副产氢纯化装置，开展低成本、安全可靠 CCUS 等关键技术研发和推广。发展电解水制氢装置，引进碱性电解水制氢设备和质子交换膜电解制氢设备企业落户，推进核心设备本地化生产，降低电解水设备的生产制造成本。

（2）积极发展氢储运加装备产业。聚焦高压气态储氢容器、加氢站装备等领域，重点引进高压气态储运装备研发制造企业。引进加氢站成套设备及零部件等产品研发制造企业，推进加氢站关键装备、部件开发和控制工艺应用。初步构建起氢能储氢、运氢、加氢装备制造产业。依托气制液氢重大国产装备应用项目，布局发展液氢储运装备制造业。

（3）拓展氢燃料电池及应用装备产业。引进相关质子交换膜、双极板等零部件以及燃料电池电堆和系统企业。积极孵化氢原料应用装备制造产业，在绿氢化工、炼化冶金等领域培育一批创新型企业。

2. 构建氢能产业技术创新发展体系

构建以企业为主体、市场为导向、产学研用紧密结合的氢能产业技术创新体系。

（1）强化氢能科技创新和技术引进。支持行业龙头企业牵头，与氢能产业链上下游企业、高等院校、科研院所、社会团体等联合组建氢能产业发展联盟，联合推动科技成果转化。支持建设一批国家级、自治区级氢能创新平台，积极开展基础研究和应用研究。聚焦氢能相关技术开展"揭榜挂帅"。探索研究天然气掺氢运输安全技术。

（2）加强氢能发展区域合作。用好援疆机制和"四方合作机制"，通过创建科创飞地，引入氢能产业链上下游企业，开展可再生能源发电（风、光互补）制氢储氢、氢能终端应用等技术引进、示范项目。加强与京津冀、粤港澳大湾区、长三角等氢能创新资源集聚区合作，推动产业互补、企业联合。鼓励示范区间围绕产业链供应链加强合作，构建主导产业明确、错位发展、分工协作、

链条完整的产业集群体系。

（3）推进氢能国际合作。以建设丝绸之路经济带核心区为契机，推进氢能产业对外开放合作。积极参与国际氢能产业链，融入"一带一路"建设。探索氢能国际贸易商业模式，利用"一带一路"合作关系及中欧班列的交通运输条件，打造丝绸之路经济带氢能贸易示范区。

3. 推进氢能多元化应用

坚持以市场应用为牵引，以平稳推进绿氢存量替换、加速绿氢增量替代为导向，重点推进绿氢在化工领域应用，积极布局绿氢在交通领域应用，加快形成适宜新疆氢能产业发展的商业化模式与路径。

（1）在化工领域。在克拉玛依、塔河、塔城等炼化行业发达地区，推动绿氢炼化，在炼化工程中作为燃料和反应物进行使用，利用绿氢逐步替代蓝氢和灰氢推动炼化用氢清洁化及产业链延伸。加快绿氢在准噶尔、吐哈、伊犁、库拜等区域新建煤矿及现在煤化工示范区中的利用，重点对煤制天然气、煤制烯烃等产品制备过程中的灰氢进行替代。积极发展绿色合成氨产业，促进大规模绿氢消纳，鼓励现有工业用氨和农业用氨场景使用绿氨进行替换，助力打造绿色有机果蔬产业集群。合理布局绿氢耦合二氧化碳制备甲醇，发挥绿色甲醇作为清洁燃料及化学品使用，鼓励绿色甲醇在化学、材料等基础工业中发挥推动工业绿色制造的作用，助力棉花和纺织服装产业集群建设。

（2）在交通领域，逐步建立氢燃料电池电动汽车与锂电池纯电动汽车的互补发展模式。在优先发展纯电动汽车的基础上，结合各市本地氢能供应能力、产业环境、市场空间和道路运输条件，有序推进氢燃料电池中客车、货车及重型车辆应用。针对不适宜发展纯电动汽车的应用场景，发挥氢燃料电池车功率大、续航里程长的优势，如在北疆高寒极寒矿区重点发展氢燃料电池运输卡车。因地制宜建设加氢站，鼓励当地石化企业以现有加油站增加加氢设施为主、新建油氢合建站为辅，兼顾特殊商业场景的内部加氢站，分地区、分批次推进加氢站网络建设。

5.3.7　电力：枢纽调控、煤电调节

着力提升电力供应保障能力，科学部署一定规模的本地支撑性电源和大型新能源基地配套支撑性电源，满足疆内新增用电需求和疆电外送能力提升要求。

充分发挥煤电托底保供、系统调节和大电网安全支撑作用，因地制宜实施煤电"三改联动"，持续提升煤电机组灵活性，促进煤电与水电、抽水蓄能、新型储能协调发展，煤电机组按照"增容减量"发展方式，有力支撑大规模、高比例新能源供给消纳。

1. 新型电力系统与一次能源融合驱动

新疆新型电力系统建设与煤炭、煤化工、石油天然气开发之间存在着密切的关系，一方面煤炭、煤化工、石油天然气是传统能源，可为新型电力系统提供稳定的能源供应，保障电力生产、满足电网调峰，支撑电力平衡，缓解电力供需波动。另一方面新型电力系统建设推动能源转型会对煤炭等传统能源产业的发展带来一定挑战和调整压力。新型电力系统的发展会促进相关技术的进步，也可能影响到煤炭、煤化工等行业的技术升级。

（1）从能源生产供给消费全链条看，主要体现在三方面：一是在能源供给侧，石油化工系统和煤炭煤化工系统为新型电力系统兜底保障性电源提供可靠燃料供应，筑牢新型电力系统发展基础。二是在能源消费侧，利用新型电力系统清洁电力供应石油化工和煤炭煤化工系统的生产过程，为石油化工和煤炭煤化工系统提供低碳、可再生的绿色电力支持，减少传统能源消耗和排放。三是化石能源与新能源的融合。推动煤炭等化石能源和新能源的优化组合，在先立后破的基础上，循序渐进推动煤炭减量替代和减碳降碳。统筹电力保供和减污降碳，发挥煤电对新能源电力的支持性和调节性作用；一次能源与二次能源融合，以"氢—电"耦合等方式，实现煤油气、电热氢等一、二次能源灵活转换、多元互补的现代能源供应体系。

（2）煤炭煤电煤化工系统、石油化工天然气系统、新型电力系统三位一体融合创新模式与场景：一是生产用能清洁替代，在稠油热采、压裂等高能耗环节使用新能源电力，可有效提高原油采收率；实施气、电代油，提高钻机和压裂设备的电气化率；利用电能替代天然气加热。二是集中式和分布式风光热开发，分布式光伏、分散式风电与油气生产融合，为油气企业园区、车间、平台用电提供绿电，自发自用，乃至形成源网荷储一体化智能微网。三是拓展终端综合用能，利用风光发电形成规模化绿氢制备供应能力，替代炼厂化石能源制氢，或将新能源电力制氢用于下游炼化、冶金等领域的基础设施。四是利用燃气轮机深度调峰优势，建设风光气氢、风光热气储氢等一体化项目，从而提升新能源电力

并网消纳能力，减少新能源电力出力不稳定对电网的冲击。五是二氧化碳驱油和封存技术，既提高原油采收率，也实现碳减排。

（3）融合发展的原则与思路：构建"绿色＋智慧能源体系"，以绿电、绿氢、绿热、绿储＋智能微电网的"四绿一网"，煤炭、石油、天然气、新能源高效利用与智慧化管理的能源系统，营造产业生态，明确融合发展的技术要求和具体规范。按照"示范探索一规模推进一深度融合"的方式，优化煤炭煤化工、石油天然气和新能源产业链布局，促进油气业务与风光发电、地热、氢能、CCUS、天然气发电等领域的协同，降低综合开发成本，共同构建新型能源格局，支撑产业共荣互促。

2. 加快推进大型风电光伏基地建设

（1）以沙漠、戈壁、荒漠地区为重点，按照多能互补模式，加快推进建设准东、哈密北、南疆等千万千瓦级新能源基地，以及塔城、达坂城、百里风区等百万千瓦级风区开发。

（2）对区域内现有煤电机组进行升级改造，合理配置一定规模的新型储能，明确项目利用率及消纳方向，推动新能源与其他电源、储能协调建设，实现沙漠、戈壁、荒漠化地区大型风电光伏基地与配套电网、储能及分布式调相机同步规划、同步建设、同步投运，探索建立送受两端协同为新能源电力输送提供调节的机制，支持新能源电力能建尽建、能并尽并、能发尽发。

3. 加快推进能源电力出疆大通道建设

（1）加快完善"疆煤外运"运输体系，加强煤炭铁路干线输送能力建设，推进酒泉（金塔）至哈密（淖毛湖）铁路、敦煌至红柳河铁路等项目实施。

（2）加快推进"西气东输"四线建设，统筹东中部地区用气需求增长与准东煤制气基地建设进展，科学安排新疆煤制气外输管线西段建设进度。

（3）科学安排新增"疆电外送"输电通道建设时序，积极推进新建跨省跨区输电通道工程，考虑若羌作为疆电外送特高压直流第四通道送端，结合南疆新能源资源开发及环塔里木盆地环网建设情况，积极推进第四通道前期工作，争取"十五五"期间实现投运。结合太阳能、风能、灵活性煤电、输电走廊等资源情况，积极推进第五、六通道前期规划论证工作。

4. 促进新能源与多产业耦合联动

（1）推动新能源与新材料产业深度融合，统筹疆内新能源发展空间和地域分布，科学布局关联新材料及复合新材料、前沿新材料，提升新能源和新材料产业集群协同效应。

（2）大力推动油气勘探开发与新能源融合发展，重点推进塔里木、新疆等油田风电和光伏发电集中式开发，建设油气与太阳能同步开发综合利用示范工程，充分利用太阳能聚光集热及储热技术，实现油气生产过程清洁化供热，助力低碳油气开发。

（3）推进源网荷储一体化试点加大绿电消纳。打造发挥新疆能源资源优势，给予用地等指标倾斜，在资源条件好的地区引入中东部地区用电负荷相对稳定、用电量大的高载能企业，打造源网荷储一体化示范区。

（4）遵循就近平衡原则，建立与分布式电源相适应的微平衡电力市场，鼓励高载能企业通过源网荷储一体化加大绿电消纳，实现微电网发用电自平衡。鼓励将源网荷储一体化试点内富裕的风、光等可再生能源发电量折算成绿证或者配额售卖给可再生能源电力消纳责任主体，或将其折算为自愿减排量售卖给碳排放主体，通过绿电、绿证和碳市场衔接，提高绿电消纳。

（5）推进以可再生能源综合利用与协同治理为主的"光伏＋"生态治理和生态修复项目建设。

5. 开展能源商业模式创新实践

（1）积极拓展公用电厂与新能源合约联营、一体化开发联营、专业化子公司联营、资产联营等多元化联营模式，发展燃煤自备电厂与新能源直供联营模式，促进煤电与新能源实质性联营收益最大化。

（2）完善电力系统各类灵活性资源调节能力共享及收益分享机制，借鉴共享储能出售、租赁调峰容量等收益模式，进一步向煤电机组、虚拟电厂等其他系统调节市场主体推广。

（3）建立健全大型新能源基地联合开发、跨地区能源输送基础设施项目投资主体多元化等合作机制，发展共建零碳电力产业园区和飞地经济等区域利益共享模式。

（4）创新区域综合能源服务商业模式，探索同一市场主体运营集供电、供热（供冷）、供气为一体的多能互补、多能联供区域综合能源系统，优先采取招标等竞争性方式选择区域综合能源服务投资经营主体，促进"电能替代＋综合能源服务"业态融合发展，鼓励开展电、热、冷、气等多种能源综合能源服务

模式，以政府指导签订市场化协议的模式形成综合能源价格。

6. 推动新能源与乡村振兴融合发展

在农村地区优先支持屋顶分布式光伏发电以及沼气发电等生物质能发电接入电网。鼓励利用农村地区适宜分散开发风电、光伏发电的土地，探索统一规划、分散布局、农企合作、利益共享的可再生能源项目投资经营模式。鼓励农村集体经济组织依法以土地使用权入股、联营等方式与专业化企业共同投资经营可再生能源发电项目。

第6章　新疆新型能源体系示范实践

6.1　CCUS 示 范 应 用

CCUS 技术应用是最直接、最有效的二氧化碳减排手段，是实现碳中和目标的托底技术保障。大力推动 CCUS 产业发展是破解新疆二氧化碳和污染物排放难题的重要举措，是保障能源安全的战略选择，有利于不断提高新疆煤炭清洁高效利用水平、持续减少使用煤炭带来的污染。且新疆在地质条件、源汇匹配❶、可再生能源等方面具有发展 CCUS 得天独厚的优势。CCUS 流程示意图如图 6-1 所示。

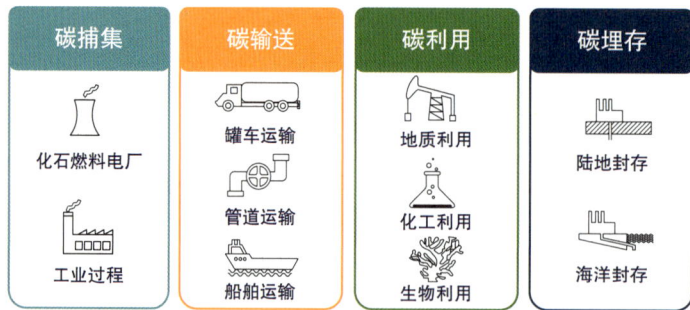

图 6-1　CCUS 流程示意图

2023 年以来，新疆一批 CCUS 项目取得重大进展。例如新疆广汇能源 10 万吨/年二氧化碳捕集与利用示范项目、新疆敦华五彩湾工业园区 CCUS 项目、克拉玛依中石油新疆油田分公司 2×66 万千瓦煤电＋可再生能源＋百万吨级 CCUS 一体化示范项目、新疆奎屯锦疆化工 10 万吨二氧化碳 CCUS 项目等。

---

❶ 源汇匹配：CCUS 专业术语，是指二氧化碳排放源与封存地之间空间的最优对应关系。

6.1.1　新疆广汇能源 10 万吨/年二氧化碳捕集与利用示范项目介绍

新疆广汇能源 10 万吨/年二氧化碳捕集与利用示范项目（见图 6-2）是广汇能源主营规划建设的"300 万吨/年二氧化碳捕集、管输及驱油一体化项目"的首期项目。该项目于 2022 年 3 月正式开工建设，2023 年 3 月 11 日投入运行。

图 6-2　新疆广汇能源 10 万吨/年二氧化碳捕集与利用示范项目

广汇能源 10 万吨/年二氧化碳捕集与利用示范项目以新疆广汇新能源有限公司煤制甲醇低温甲醇洗装置高浓度二氧化碳尾气为原料，采用"氨制冷＋低温液化精馏"的低成本碳捕集技术方案，经压缩、净化、低温液化精馏等工艺，生产液体二氧化碳产品。此项目是新疆广汇能源实施 CCUS 产业规划的重要开局项目，新疆广汇新能源有限公司以其为实验平台，建立二氧化碳捕集、输送与驱油封存全流程技术体系，以及"技术开发—工程示范—产业化"的二氧化碳利用技术创新体系，在此基础上建成新疆首个百万吨级 CCUS 项目，推动形成可复制的技术体系和产业化模式，为全国 CCUS 产业发展贡献"新疆方案"。

6.1.2　实施成效

CCUS 项目作为实现"双碳"目标的重要技术手段，该项目的成功实施，不仅为广汇能源带来了可观的经济效益，也为国内煤化工产业的碳减排提供了新的思路和方法。同时，该项目的实施也有助于推动国内 CCUS 产业的发展，为实现"双碳"目标作出贡献。

（1）在经济效益方面：该项目预计每年可实现减排二氧化碳 10 万吨，相当于植树近 90 万棵；同时，通过周缘油田预计实现原油采收率提升 20%以上，预计未来 15 年实现增油 50 万吨以上，并实现节水 300 万吨以上。

（2）在社会效益方面：CCUS 技术在降低气候变化损失、增加工业产值与就业机会、保障能源安全、提高生态环境综合治理能力、解决区域发展瓶颈等方面具有协同效益。该项目为国内煤化工产业探索碳减排商业路径提供了参考经验。

（3）在生态效益方面：该项目产品用于驱油替代现有的水驱工艺可为油田节约用水，生态环境效益显著。

（4）促进新疆能源结构转型：新疆的能源消耗主要依赖于煤炭，而煤炭的燃烧是主要的二氧化碳排放源之一，通过使用 CCUS 技术，可以将二氧化碳捕集并储存起来，从而减少二氧化碳排放，此外，CCUS 技术还可以用于天然气、石油等清洁能源的开发和利用。

（5）促进新疆技术创新和产业升级：CCUS 技术是一个新兴的领域，具有广阔的市场前景和发展潜力。通过推动 CCUS 技术的发展，可以促进相关产业的升级和转型，提高技术创新能力和核心竞争力。

因此，新疆应该加大对 CCUS 技术的研究和投资，推动 CCUS 技术的发展和应用。同时，政府、企业和公众也应该共同行动，支持 CCUS 技术的发展和应用，以实现减少二氧化碳排放和应对气候变化的目标。

6.1.3　推广价值

《"十四五"规划和 2035 年远景目标纲要》明确将 CCUS 技术作为重大示范项目进行引导支持，未来 CCUS 技术在新疆实现"双碳"目标、保障能源安全、促进经济社会发展全面绿色转型、推进生态文明建设的过程中将会发挥更为重要的作用。

在"双碳"目标下，我国其他省份 CCUS 技术应用的行业和部门持续增加。据不完全统计，我国规划和运行 CCUS 示范项目总数接近百个，涵盖电力、油气、化工、水泥、钢铁等多个行业。其中超过半数的项目建成投产，具备二氧

化碳捕集能力超过 400 万吨/年，注入能力超过 200 万吨/年。

新疆广汇能源 10 万吨/年二氧化碳捕集与利用示范项目具有以下推广价值：

（1）技术示范。为二氧化碳捕集和利用技术提供了实际案例和操作经验，有助于其他企业借鉴和应用类似技术，推动行业技术进步。

（2）减排潜力。展示了大规模捕集二氧化碳并加以利用实现减排的可行性，能激励更多企业重视二氧化碳减排工作，为应对气候变化作出贡献。

（3）资源利用。证明了二氧化碳可用于驱油等领域，拓展了资源利用的途径，提高了资源综合利用效率，对其他有相关需求的地区和产业有启示意义。

（4）产业带动。项目的成功运行可以带动相关设备制造、技术服务等产业的发展，创造新的经济增长点。

（5）政策引导。可为政策制定者提供参考，进一步完善支持二氧化碳捕集与利用项目的政策体系，促进更多类似项目的开展。

（6）区域协同。其经验有助于推动不同地区根据自身特点开展二氧化碳相关项目，促进区域间在环保和资源利用方面的协同发展。

CCUS 在油田领域具有重要的推广价值，对于油田的可持续发展和应对全球气候变化都具有重要意义。在经济方面可提高石油采收率，增加油田的产量和经济效益。在技术方面，油田在地质结构和工程技术方面具有一定基础，相对容易实现二氧化碳的注入和封存等相关操作。在资源利用方面：二氧化碳本身可作为一种资源加以利用，在油田开发中能创造更多价值。在长期封存稳定性方面，油田的地质条件通常有利于二氧化碳的长期稳定封存，降低泄漏风险。

新疆四大油田——新疆油田、塔里木油田、西北油田和吐哈油田，正积极推动 CCUS 产业的初步发展。新疆油田区域面积广阔，具备发展 CCUS 产业的天然优势。一旦 CCUS 形成完整的产业链并实现规模化应用，二氧化碳排放量将显著下降。因此，新疆通过 CCUS 技术实现碳减排的前景十分广阔。为加速这一进程，应重点推进 CCUS 各环节技术的研发与创新，同时不断扩大示范项目的规模，以推动产业成熟和全面推广。

在电力行业中，CCUS 技术可以减少燃煤电厂的二氧化碳排放。在工业领域，CCUS 可以被用于化学品生产、水泥生产、钢铁生产等行业，从而减少这些行业的碳排放。在交通领域，CCUS 技术可以用于航空等行业，减少这些行业的碳排放。通过在不同领域的应用，CCUS 技术可以实现减少二氧化碳排放和实现"双碳"目标。

6.2 煤炭清洁高效利用示范应用

自治区高度重视现代煤化工产业集群发展，建立省级重点产业集群产业链，大力推动煤炭清洁高效利用产业发展。为加大节能降碳工作推进力度，促进经济社会发展全面绿色转型，新疆核准了一批煤炭清洁高效利用示范工程，例如新疆慧能煤清洁高效利用项目、哈密能源集成创新基地项目、其亚新疆集团有限公司年产 600 万吨煤基甲醇项目等。

6.2.1 新疆慧能煤清洁高效利用项目介绍

新疆慧能煤清洁高效利用有限公司 1500 万吨/年煤炭清洁高效利用项目是"十四五"哈密国家级煤制油气战略基地确定以来，首个获得批复建设的煤炭深加工项目，该项目位于新疆哈密淖毛湖煤矿区，总投资约为 85 亿元，于 2023 年 7 月开工建设，预计 2025 年 10 月建成投产。新疆慧能 1500 万吨/年煤炭清洁高效利用项目开工奠基仪式如图 6-3 所示。

图 6-3　新疆慧能 1500 万吨/年煤炭清洁高效利用项目开工奠基仪式

该项目主要建设内容包括 1500 万吨/年煤热解装置、煤分解气综合利用制氢副产液化天然气装置，150 万吨/年煤焦油轻质化联合装置（含 150 万吨/年煤焦油加氢和 40 万吨/年煤基馏分油脱氢）及生产辅助设施。该项目采用河南龙成集团自主研发的龙成低温低阶煤热解旋转床（即煤物质的分解设备）分质转化清洁高效综合利用技术（以下简称旋转床技术），除生产提质煤外，还对产生的煤分解气进行加工，获取煤焦油、氢气同时联产液化天然气、液化石油气、凝析油、硫磺。通过对煤焦油的加氢，生产石脑油、轻质化煤焦油 1#、加氢尾油，并通过煤基馏分油脱氢单元对石脑油进一步深加工，生产苯、C7＋馏分油。

6.2.2　实施成效

项目充分发挥哈密丰富的富油低阶煤资源优势，为煤炭煤电煤化工产业集群产业链建设奠定了基础，也为煤化工产业集中建设探索了新的途径，有效推动全疆低阶煤分质分级利用产业高端、多元、低碳化发展。项目投产后，将提升本地煤炭清洁高效利用水平，在推动经济社会高质量发展，保障国家能源安全等方面具有重要意义。

（1）保障国家能源安全。我国石油对外依存度已超过 60%，通过以煤制油可以解决我国油气资源短缺问题以及平衡能源结构矛盾，推进国家中长期能源发展战略。

（2）推动煤炭清洁高效利用。煤制油是煤炭消费方式的重大变革，煤炭通过深加工转化为清洁的油品，过程中产生的二氧化碳、二氧化硫、废渣等都可以实现有效回收和清洁利用。因此，煤制油技术能量利用率高，污染物的排放较少，可以实现煤的清洁利用。

（3）实施创新驱动发展。带动和促进煤化工技术、机械化工设备制造业、催化剂工业等相关技术和产业的科学研究和技术发展。

（4）促进新疆地区经济发展。坚持新疆的煤制油产业布局政策，将有利于克服新疆地区产业结构单一、低水平发展的矛盾。发展煤制油可以充分发挥地区资源优势，实施“一带一路”。

（5）促进煤炭产业转型升级。煤制油作为现代新型煤化工的重要内容，具有技术含量高、管理要求高、布局门槛高与产业链地位高的特点，其产业的发展必将有利于我国煤炭产业结构、布局结构、组织结构和技术结构的全面调整与进一步优化升级。

6.2.3 推广价值

煤炭是我国主要的能源来源，但传统的煤炭开采和利用方式形成的大气和水污染问题日益严重。为了实现煤炭资源清洁高效利用，推动新能源、新材料等领域发展，2021 年 3 月，国家发布《国民经济和社会发展第十四个五年规划和 2035 年远景目标纲要》（简称《纲要》），要求"夯实国内产量基础，保持原油和天然气稳产增产，做好煤制油气战略基地规划布局和管控"。煤炭通过煤气化和煤液化技术转化为清洁的油气产品、化工原料和精细化学品。新疆煤炭清洁高效利用在煤化工、清洁发电、煤炭深加工等领域的发展有了新的机遇。

（1）在煤化工领域。煤化工是指利用煤作为原料制备化学品、燃料以及材料等多种产品的工业过程。煤化工技术的发展可以实现煤炭的清洁高效利用，同时也有望替代部分石油化工产品。煤制油技术可以将煤转化为液态燃料直接替代传统石油，如柴油、汽油和航空燃料。

（2）在清洁发电领域。清洁发电是指利用环保清洁的能源进行发电，如太阳能、风能、地热能等。同时，煤电依然是主要的电力来源，因此将煤炭清洁高效地利用于煤电产业是十分必要的。目前，煤电企业逐渐采用清洁燃煤技术和绿色发电技术，不断提高煤电产业的环保水平。生产的液态燃料还可以作为化工原料，用于生产化学品和塑料。

（3）在煤炭深加工领域。煤炭深加工是指将煤炭进行细化处理，生产出一系列高附加值的产品。例如，利用煤炭进行气化或热解、可以制备出煤油、煤气、石墨、电极碳等材料，从而提高煤炭的综合利用效率。

（4）在能源储存领域。能源储存是指将能源储存为电力、气体、液体或者化学物质等形式。煤炭清洁高效利用领域的储能技术可以解决可再生能源不稳定的问题，同时保障能源供应的安全性和稳定性。

6.3 绿 氢 示 范 应 用

"双碳"背景下，为贯彻落实《国家发展改革委 国家能源局关于推进电力

源网荷储一体化和多能互补发展的指导意见》（发改能源规〔2021〕280 号）要求，新疆发挥资源优势，进一步指明了新型电力系统的建设方向，加快构建新能源与关联产业协同共进高质量发展格局。

6.3.1　阿克苏库车绿电制氢项目介绍

2021 年，中国石化集团新星石油公司提出在阿克苏库车地区绿电替代天然气制氢用于石油炼化需求。该项目提出了光伏规模与电解槽数量最优配比，自主开发电控设备与制氢设备同步响应软件，攻克了工艺技术新、规模大、无成熟项目可借鉴等难点，突破性解决了新能源波动电力场景下柔性制氢，并向下游炼化企业连续稳定供应的难题，成为我国首个集光伏发电—绿电输送—绿电制氢—氢气储存—氢气输运—绿氢炼化等绿氢生产到利用全产业、全流程万吨级氢炼化典型示范项目。氢能制、储、运、加、用产业链示意图如图 6-4 所示。

图 6-4　氢能制、储、运、加、用产业链示意图

阿克苏库车绿电制氢项目位于阿克苏地区库车市牙哈镇行政区域内，南疆铁路线北侧，占地面积 10320 亩，距库车市 45 千米。建设项目包括 300 兆瓦光伏发电、输变电线路、电解水制氢、氢气储存及外输管网、公用工程及配套辅助生产在内的全流程设施，利用光伏发电替代天然气制氢，部分氢气通过管道输送至塔河炼化使用，部分氢气存储在储氢罐。经测算，该项目产氢规模约 20000 吨/年，折合标准状态下 26420 立方米/小时，输氢能力标准状态下 28000 立方米/小时，氢气存储能力 25 千瓦/千瓦时，容量标准状态下 210000 立方米。

白天光伏发电时段，电解槽及其他用电设备均采用光伏所发电电源供电，根据光伏电站的发电功率曲线特点，生产负荷在 30%～100%～30% 之间调节，负荷大于 50% 时，所制得的氢气通过管输方式送塔河炼化使用，在保障向塔河炼化公司平稳供氢标准状态下 27000 立方米/小时的基础上，将多余氢气储存至储氢罐，再经氢气外输压缩机升压至 3.2 兆帕进行存储，用作夜间消耗储备，补充至标准状态下 210000 立方米后，在保障平稳供应的基础上系统降负荷运行。

夜间光伏不发电时段，对于需要连续制氢、输氢或储氢的用电设备，氢工厂采用电网调度的外购绿电生产，所有系统按最低负荷（30%）运行，产能约为标准状态下 15600 立方米/小时，此时每小时需从储罐抽调约标准状态下 11400 立方米作为补充向塔河炼化公司输氢，连续输氢 12 小时后，储罐还余 73200 立方米氢气，可作为应对不良天气的储备。若储罐中氢气储量不足或氢气储备降至最低保底储量无法提取时，系统保持最低生产负荷，即保障每小时产氢量不低于标准状态下 27000 立方米。当外购绿电供电仍不能满足要求时，适当采用电网谷电供电；对于不需要连续制氢、输氢或储氢的用电设备，停止系统供电。

6.3.2 实施成效

库车绿氢示范项目的建成投产，不仅首次贯通了光伏发电、绿电输送、绿电制氢、氢气储存、氢气运输和绿氢炼化全产业链，而且形成了具有自主知识产权的大规模电解水制氢工艺和工程成套技术，将为绿电制氢产业发展提供可复制、可推广的示范项目。

（1）水资源重复利用率高。项目采用新型高效机泵、高效强化换热器及其他节能产品，减少冷却水用量，同时所产生的污水提升至塔河炼化污水处理场，经处理合格后回用至塔河炼油厂重复使用，提高水资源回收率。经测算，项目采用电解水制氢，全厂正常循环水总量 10584 立方米/小时，新鲜水的用量 224.4 立方米/小时，全厂水重复利用率高达 97.92%。

（2）余热再利用。项目设备及管道布置紧凑合理，减少散热损失和压力损失，在生产过程中，高温位的工艺热量最大限度用于加热其他工艺物流，利用正常生产时循环水回水的余热作为热源，为热水站提供热量，减少了电耗 5532.7 千瓦时。

（3）减少天然气资源浪费。项目全部采用光伏发电制氢替代现有天然气制氢，实现氢能与源—网—荷的融合应用，天然气使用量可减少 2.4 万吨/年，折合标准煤计算，可减排二氧化碳 16 万吨/年。

（4）提高绿电消纳水平。库车市属于温带大陆性干旱气候，常年干燥无雨，日照丰富，库车是全国平均晴天最多的县市，阴天年平均只有 44 天。夏季白天最长达 16 小时，冬天白天最短也在 10 小时以上。项目所发电量全部用于制氢管道输送或储存，解决了当地光伏大发时段出现的弃光问题，有效提高了太阳能的利用率。

（5）氢气纯度高。项目所采用的纯化装置工艺所分离出的氢气，纯度可达到 99.999，绿电制氢应用范围进一步扩大。

（6）网络损耗。项目根据负荷容量、供电距离及分布、用电设备特点等因素，项目在光伏场站附近建设光伏升压站，在用电负荷中心建设制氢降压变压器，线路长度 22.95 千米，采用 220 千伏电压等级供电，减少线路损耗。

（7）运行模式：将氢能与可再生能源耦合，在源端通过可再生能源制氢，并通过高效氢储能系统，满足用户对能源的需求，实现清洁电力到清洁能源的全过程零碳，在提升可再生能源的大规模消纳能力的同时，满足用户侧用氢需求，促进工业、交通等领域的深度脱碳，形成可复制、易推广的示范模式，有利于加快推进我国能源结构调整。

（8）节能减排：制取"灰氢"的碳排放强度每公斤氢气约为 10～20 千克，而电解水制氢装置操作介质主要为氢气、氧气，整个生产过程中不存在温室气体排放。光伏装机容量 300 兆瓦，平均年发电量 6.2 亿千瓦时，相当于减少燃烧标准煤 19 万吨，减排二氧化碳 51.97 万吨。项目替代天然气电解水制氢，制氢规模 2 万吨/年，考虑外购电间接二氧化碳排放 9.92 万吨，本项目减排二氧化碳 48.5 万吨/年。

（9）增加就业岗位：本项目制氢装置按四班三倒，光伏发电厂、储运系统及公用工程系统按 2 班倒进行操作人员配置，全厂操作人员定员 36 人，带动阿克苏经济发展。

（10）环境影响：本项目为绿色能源项目，生产过程中不产生废气污染物；另外托塔河炼化污水处理场设置了污水提升设施，污水处理能力提升 120 立方米/小时，相较于其他工业园区对环境影响较小。

6.3.3 推广价值

项目贯彻落实国家《氢能产业发展中长期规划（2021—2035 年)》，应用清洁低碳氢能，氢能具有远距离输送、大规模存储和"氢—电"互换的特性。在新能源资源条件好的区域，一体推进绿氢制、储、输、用，在交通、化工、冶金等行业具有推广应用示范效应，可推动氢能产业高质量发展。

（1）项目年产氢 2 万吨/年，根据自治区文件要求，对年产 1 万吨以上绿氢企业，可按生产氢全年实际用电量配置新能源发电规模，有利于氢能产业与新能源协同发展，对打造源网荷储一体化园区运行模式具有推广示范效应，可推动新能源高质量发展。

（2）氢能和电能是重要的二次能源，是未来主要的绿色清洁能源，氢能和电能在工业、农业、电子、钢铁、民用等各个领域具有不同时段峰谷用量的特点，对未来工业低谷用电具有很好的示范作用。

（3）项目可带动氢能交通、氢能冶金、电热气三联供、天然气掺氢等领域发展，增强地区能源利用效率和能源低碳化，对打造我国未来西北部清洁能源大基地，完成能耗"双控"目标具有良好的示范作用。

（4）项目的成功投运，对于新能源高聚集地区，石油炼化、合成氨、合成甲醇、现代煤化工产业园区形成示范，园区规划、运行模式等均可推广应用。

6.4 疆电外送项目应用

新疆是我国的重要能源生产基地，煤炭资源储量全国第一，太阳能和风能资源蕴藏量位居全国第二。为了推动新疆资源优势转化为发展优势，服务全国电力保供大局，新疆启动"疆电外送"工作。2010 年 11 月 3 日，新疆建成疆电外送第一通道哈密—敦煌 750 千伏输变电工程，新疆电力首次实现外送；2013 年 6 月 10 日，新疆建成疆电外送第二通道烟墩—沙洲 750 千伏输变电工程，疆电外送能力提升至 300 万千瓦；2014 年 1 月 27 日，新疆首条疆电外送特高压输电线路±800 千伏哈密南—郑州直流输电工程建成投运，开启了大规模疆电外送序幕，成为新疆连接中原大地的"电力丝绸之路"。2019 年 9 月 26 日，世界上

电压等级最高、输送容量最大、输电距离最远的准东—皖南±1100千伏特高压直流输电工程建成投运，成为新疆连接华东区域的"电力丝绸之路"。截至当时，新疆形成了"两交两直"疆电外送四通道格局，疆电外送输送容量超过2000万千瓦，为新疆能源电力开发利用奠定了坚实电网基础。

6.4.1　项目介绍

1. 哈密—敦煌750千伏联网工程

2010年，"疆电外送"的序幕缓缓拉开。当年11月，新疆与西北750千伏联网第一通道新疆哈密—甘肃敦煌750千伏输变电工程建成投运，起点为750千伏哈密变电站（见图6-5），末端为750千伏敦煌变电站，线路全长约350千米。2020年哈密—敦煌输送功率为235万千瓦。

图6-5　新疆哈密—甘肃敦煌750千伏输变电工程哈密变电站（无人机照片）

此前，新疆电网电压等级为220千伏，独立于西北电网之外，一直孤网运行，电网力量薄弱，制约着新疆经济社会发展。750千伏哈敦线的建成，实现750千伏新疆电网与西北电网主网首次并网运行，新疆电网结束了孤网运行的历史，丰富的电力资源首次实现外送，完成了"煤从空中走，电送全中国"的跨越。

750千伏哈敦线作为"疆电外送"的第一通道，是国家电网有限公司落实国家西部大开发战略、实现全国电站联网的重要工程，将新疆的电能接入大电网并向外输送，使新疆能源资源在更大范围内实现优化配置，推动新疆资源优势转化为发展优势，推动新疆经济进一步发展，在新疆电网发展史上写下了浓墨重彩的一笔。

2. 烟墩—沙洲 750 千伏联网工程

2013 年 6 月，新疆与西北 750 千伏联网第二通道建成投运（见图 6-6），起点为 750 千伏烟墩变电站，末端为 750 千伏沙洲变电站，线路全长约 286 千米，输送功率为 179 万千瓦。构建了新疆与西北主网联网双通道，疆电外送能力提升至 300 万千瓦。

图 6-6　烟墩—沙洲 750 千伏输电线路

3. 哈密—郑州±800 千伏特高压直流输电工程

2014 年 1 月 27 日，±800 千伏特高压哈密—郑州±800 千伏特高压直流工程投运，构建了西电东送大动脉，在服务西部大开发战略，推动新疆资源优势转化为发展优势，缓解华中地区用电紧张方面发挥了重要作用。天中直流工程是国家实施"疆电外送"的首个特高压输电项目，也是将大型火电、风电基地电力"打捆"送出的首个特高压工程。起于新疆哈密天山换流站（见图 6-7），止于河南中州换流站，途经新疆、甘肃、宁夏、陕西、山西、河南六省（自治区），线路全长 2192 千米，额定电压±800 千伏，额定输送功率 800 万千瓦。每年可向河南提供超过 400 亿千瓦时的电量，相当于向河南输送 2000 多万吨煤。

图 6-7　哈密—郑州 ±800 千伏特高压直流输电工程天山换流站

哈密—郑州 ±800 千伏特高压直流工程承担起"疆电外送"的重任，具有远距离、大容量、低损耗、环保、节约土地资源等优点，是连接西部边疆与中原地区的"电力丝绸之路"。哈密—郑州 ±800 千伏特高压直流工程为新疆能源发展注入了强劲动力，煤变电、风变电、光变电，实现了大规模的资源就地转化。依托新疆能源资源丰富这一优势，积极组织风火光电"打捆"外送，将新疆电力送到了华中、华东等地，支援了内地省的用电需求。新疆外送电量逐年增加，同步提升了新疆风电和光伏发电等清洁能源的消纳水平，推动了新疆清洁能源的快速发展。

4. 昌吉—古泉 ±1100 千伏特高压直流输电工程

昌吉—古泉 ±1100 千伏特高压直流输电工程于 2019 年 9 月建成投运，项目总投资 407 亿元，输电容量 1200 万千瓦，线路长度 3324 千米，起于新疆昌吉，止于安徽省宣城古泉。昌吉—古泉 ±1100 千伏特高压直流输电工程是目前世界上电压等级最高、输送容量最大、输送距离最远的特高压直流输电工程，截至 2024 年 4 月底，昌吉换流站作为准皖直流工程的送端站已安全运行 1698 天，自 2019 年 9 月投运以来不断提升通道送电能力，最大外送功率 1100 万千瓦，日输送电量最高达 2.64 亿千瓦时。昌吉—古泉 ±1100 千伏特高压直流输电工程新疆哈密段线路如图 6-8 所示。

图6-8　昌吉—古泉±1100千伏特高压直流输电工程新疆哈密段线路

昌吉—古泉±1100千伏特高压直流输电工程输电线路每8小时就可以送出一亿千瓦时电能，这些电能可以驱动上千列高铁从北京开到广州，可以为200万辆电动汽车充满电，每年可送电660亿千瓦时，可同时点亮4亿盏30瓦的电灯，满足5000万家庭的用电需求。准昌吉—古泉±1100千伏特高压直流输电工程输电线路不仅有力促进新疆电力开发外送，推动能源资源实现更大范围消纳。同时，将有效缓解安徽电网缺电局面。这项工程具有十分重要的战略意义和政治影响，是落实中央战略、服务西部大开发、实施"疆电外送"的关键工程；是综合开发传统能源与清洁能源，推动能源、经济、环境和谐发展的绿色工程；是提高新疆自我发展能力、促进区域经济协调发展的民生工程。

6.4.2　实施成效

特高压直流输电工程的建设延伸了新疆煤炭产业链，在拉动投资、增加就业、提高地方财政收入、改善人民生活水平方面意义重大，可实现资源就地转化，有利于提高新疆煤炭的利用率。同时，"疆电外送"实现大范围"水火互补"，解决甘肃敦煌电网电力电量"丰余枯缺"的局面，对于全国范围能源资源优化配置有极为重要的作用。

数据显示，自实施"疆电外送"以来，到2023年年底，累计外送电量7408亿千瓦时，其中新能源电量外送2100亿千瓦时，占总外送的28.35%。在外送

四通道中，两条交流通道外送电量 1348.42 亿千瓦时，哈密南—郑州 ±800 千伏特高压直流输电工程外送电量 3575 亿千瓦时，准东—皖南 ±1100 千伏特高压直流输电工程外送电量 2484.58 亿千瓦时。2023 年，哈密南—郑州 ±800 千伏特高压直流输电工程和准东—皖南 ±1100 千伏特高压直流输电工程送电规模分别在全国特高压直流通道中位列第三和第一。

疆电外送电量 7408 亿千瓦时，可以让全国 14 亿人用 230 天。相当于就地转化标准煤 22409 万吨，在把新疆资源优势转化为经济优势的同时，有力支撑服务全国电力保供大局。新能源外送占比大，每送出三度电中，就有近一度电是绿电，相当于减排二氧化碳 17152 万吨、二氧化硫 54 万吨、氮氧化物 47 万吨。

电网的发展带动了电源的发展。截至 2024 年 4 月，新疆电网总装机 1.5 亿千瓦，位列西北第一，全国前列。新能源装机容量达到 7002.1 万千瓦，占新疆电网总装机容量近五成，位居全国前列。

2023 年，新疆开工建设"疆电外送"直流第三条通道：哈密北—重庆 ±800 千伏特高压直流输电工程。到 2025 年，将形成"内供七环网、外送六通道"主网架格局，进一步提高大电网支撑保障能力。

6.4.3　推广价值

"疆电外送"项目具有多方面重要的推广价值，主要包括以下几点：

（1）能源资源优化配置：将新疆丰富的电力资源输送到其他地区，实现更大范围的能源调配，缓解部分地区能源紧张状况，提高能源利用效率。

（2）促进经济发展：带动新疆电力产业及相关产业发展，增加就业机会，促进当地经济增长，同时也为受电地区的经济发展提供稳定的能源支撑。

（3）节能减排：有助于减少受电地区对本地高污染能源的依赖，降低污染物排放，对改善环境质量具有积极意义。

（4）区域协调发展：加强了新疆与其他地区的经济联系和合作，促进区域间的协调发展和共同进步。

（5）技术示范和创新推动：在项目实施过程中推动电力传输等相关技术的发展和创新，为类似项目提供技术经验和示范。

（6）稳定能源供应体系：增强了国家能源供应体系的稳定性和可靠性，提升应对能源波动的能力。

6.5 大基地项目应用

"十四五"以来，在"双碳"目标的引领下和构建新型能源体系的指导下，以沙漠、戈壁、荒漠地区为重点的大型风电光伏基地的建设成为"十四五"新能源发展的重中之重，规模化的风光大基地正在支撑我国新能源装机快速增长，大基地模式已成为当下新能源发展的主流开发模式，也承载着我国能源结构调整的重任。2021—2024 年，自《国家发展改革委办公厅 国家能源局综合司关于印发第一批以沙漠、戈壁、荒漠地区为重点的大型风电光伏基地建设项目清单的通知》（发改办能源〔2021〕926 号）下发起，陆续下发了三批次大基地项目清单。以第一批项目清单为例，新疆基地项目共 5 个，涉及规模 550 万千瓦，其中自治区 2 个，规模总计 240 万千瓦，分别为北疆乌鲁木齐 100 万千瓦风光项目、南疆 140 万千瓦光储项目；兵团项目 2 个，规模总计 300 万千瓦，分别为兵团南疆 200 万千瓦风光项目、兵团北疆石河子 100 万千瓦光伏项目。目前，第一批大基地项目已实现全容量并网发电。

在国家一系列相关政策的推动下，新疆"借风迎光"而上，依托"南风北光"的资源优势，坚决贯彻落实党中央、国务院关于加快推进以沙漠、戈壁、荒漠地区为重点的大型风电光伏基地规划建设的决策部署，有序开展各类试点示范项目，积极打造风光水火储多能互补的清洁能源基地，推进风光水储一体化清洁能源发电示范工程建设，同时也带动了新能源发电、储能、微电网、综合能源服务等相关行业的发展。

6.5.1 项目介绍

1. 北疆乌鲁木齐 100 万千瓦风光项目

中国华电集团有限公司（简称中国华电）北疆乌鲁木齐 100 万千瓦风光电项目（见图 6–9）是新疆首个将"风能、光伏、储能"集于一身的多功能互补清洁能源基地，也是国家第一批大型风电光伏基地项目。项目引入光伏治沙及"沙漠土壤化"生态恢复技术，开展风电光伏治沙、防风、固草，系统保护和修

复沙漠、戈壁、荒漠地区，被授予"中国华电电力装机突破 2 亿千瓦标志工程"。

该项目位于新疆维吾尔自治区乌鲁木齐市达坂城区，地处自治区九大风区之一的达坂城风区，10 个地块、9 座变电站分布于 1800 平方千米区域，由新疆华电达坂城新能源有限公司建设，于 2022 年 3 月 17 日开工，项目总装机 100 万千瓦，其中风电项目 80 万千瓦，光伏项目 20 万千瓦，送出线路建设跨越铁路、公路等 23 处，接入系统复杂。

该项目使用世界首台 XCC2600 吨伸缩臂起重机吊装，完成当时全国陆上最大单机容量中速永磁机组 6.7 兆瓦风机吊装，叶轮直径及扫风面积为国内最大，激光雷达测风采用国内最先进技术，配套箱式变压器为国内陆上风场最大容量，为风光多能互补项目提供技术指导。

该项目全面建成、整体投产后，新增"绿电"25 亿千瓦时以上，年节约标准煤超过 83 万吨，减少二氧化碳排放超过 210 万吨。目前，达坂城区风电及光伏装机容量超过 400 万千瓦，已建成风电场超过 60 座，预计年上网电量不小于 3 亿千瓦时，年等效满负荷小时数不小于 1300 小时。

图 6-9　北疆乌鲁木齐 100 万千瓦风光电项目现场图

2. 昌吉木垒 105 万千瓦风光火储一体化多能互补项目

昌吉木垒 105 万千瓦风光火储一体化多能互补项目是新疆首个实现全容量并网的国家大型清洁能源基地项目和同期投产单体整装容量最大风光电项目，

也是中国华电第一批国家新能源大基地百万千瓦级投产项目和中国华电电力装机突破 2 亿千瓦标志工程。

该项目位于准噶尔盆地戈壁荒漠，项目总投资 53 亿元，于 2022 年 4 月 16 日开工，总装机 105 万千瓦，分别为中国华电木垒四十个井子 80 万千瓦风电、中国华电木垒光伏园区 25 万千瓦光伏项目及 30 兆瓦/60 兆瓦时配套储能。拥有 80 台单机容量 6.25 兆瓦风机，44 台单机容量 6.7 兆瓦风机和 1 单机容量 7.5 兆瓦风机，25 万千瓦光伏项目采用单晶 545Wp 双面双玻光伏组件。2023 年 6 月，中国华电昌吉木垒 105 万千瓦风光基地项目（见图 6－10）实现全容量并网发电。

该项目在"沙戈荒"基地先行示范建设数字集约化维检系统，推进场站无人值守、数字化生产运营。

该项目投产后，每年可新增"绿电"26 亿千瓦时以上，年节约标准煤超过 85 万吨，减少二氧化碳排放 238 万吨、二氧化硫排放 420 吨、烟尘等有害物质排放量约 84 吨。

图 6－10 昌吉木垒 105 万千瓦风光电项目现场图

3. 塔城风光火储多能互补项目

2023 年 9 月 19 日，中国华电新疆塔城风光火储多能互补项目（见图 6－11）全部并网发电，该项目是国家第二批沙漠、戈壁、荒漠化地区大型风电光伏基地项目。

该项目位于新疆塔城地区和布克赛尔蒙古自治县，总装机 100 万千瓦，分

两期建设，每期 50 万千瓦。一期选用最大输出功率为 650/655 瓦的双面双玻单晶硅组件，新建一座 35 千伏开关站，一座 220 千伏汇集站，配套建设 50 兆瓦/100 兆瓦时的储能设备，2023 年 7 月并网发电；二期选用最大输出功率为 550/555 瓦的双面双玻单晶硅组件，新建一座 35 千伏开关站，配套建设 55 兆瓦/110 兆瓦时的储能设备。

项目每年可新增"绿电"18 亿千瓦时，年节约标准煤 57 万吨，减排二氧化碳 146 万吨。预计在 25 年内提供约 2300 万兆瓦时电力，年平均发电量超 90 万兆瓦时，等效节约煤炭近 30 万吨，减少各类有害气体排放 70 万吨。

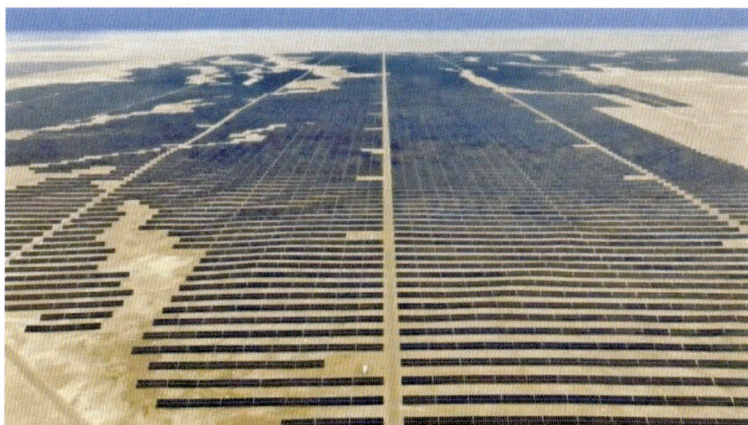

图 6-11　新疆塔城光伏发电项目现场图

4. 库车轮台 55 万千瓦火光储多能互补项目

2023 年 6 月，中国华电新疆库车 55 万千瓦光伏项目（见图 6-12）并网。该项目位于新疆阿克苏地区广阔无垠的荒漠戈壁滩上，是国家第二批大型风电光伏基地项目，是新疆同期投产单体最大的光伏基地，也是新疆阿克苏地区打造千万千瓦级新能源基地的重要组成部分。

该项目选用 540 瓦以上单晶硅双面双玻组建。安装形式为固定，选用 196 千瓦组串式逆变器，由 176 个 30125 兆瓦光伏发电单元组成，并配套建设 70 兆瓦/140 兆瓦时储能设施，220、35 千伏升压站及送出线路配套设施。

该项目年发"绿电"9 亿千瓦时，节约标准煤 30 万吨，减排二氧化碳 92 万吨，氮氧化物 0.14 万吨。

图 6-12　新疆库车 55 万千瓦光伏项目

6.5.2　实施成效

新疆大力推进"沙戈荒"地区新能源的开发力度，发挥规模化效应，充分利用外送通道空间，在开发中坚持走生态优先、绿色低碳之路，具有良好的生态效益、经济效益和社会效益。

（1）实现"沙戈荒"大基地并网消纳，提升新疆电网运行效率和电源开发综合效益。四大能源基地项目依托达坂城、木垒、塔城、库车能源资源优势，实现了不同形式能源的互联互补、协同优化和高效利用，项目投产后，每年可新增"绿电"超过 70 亿千瓦时，大幅提升了新疆电网清洁能源消纳与并网能力。

（2）减少工业废气排放，改善新疆大气环境。新能源大基地的建设，大大降低了工业废气的排放，改善了新疆大气环境。

（3）加速新疆能源结构调整。四大新能源多能互补项目，优先利用清洁能源资源，减少了对煤炭等传统能源的依赖，年节约标准煤总共超过 250 万吨，提高清洁能源在总能源消费中的比重，调动需求侧响应积极性，加快新疆能源转型。

（4）新能源技术创新效果显著。中国华电新疆公司坚持科技创新引领，积极推广应用国家重点节能低碳技术。比如北疆乌鲁木齐 100 万千瓦风光项目建设中，创下新疆区域单日吊装 8 台风力发电机组的纪录。使用世界首台 XCC2600 吨伸缩臂起重机吊装，完成当时全国陆上最大单机容量中速永磁机组 6.7 兆瓦风机

吊装。该项目采用了建筑业多项新技术，先后荣获科技进步奖、获得发明专利授权，完成 QC（质量控制）成果申报工作，并发表学术论文。这些成果为后续项目提质增效及技术应用拓展提供了宝贵的经验。

（5）带动新能源装备制造业发展。新能源大基地项目的落地实施，有效带动了高新技术、能源化工、石油化工及装备制造等产业的集群化发展，同时有力推动了涵盖冶金制品、设计研发、组件制造、物流运输、安装调试、维护管理等环节的完整风电产业链集群的发展，加快了地区产业结构调整与优化升级的步伐，为区域经济高质量发展注入了强劲动力。

6.5.3　推广价值

（1）"沙戈荒"多能互补大基地项目坚决贯彻落实党中央、国务院关于加快推进以沙漠、戈壁、荒漠地区为重点的大型风电光伏基地规划的建设的决策部署，在开发中坚持走生态优先、绿色低碳之路，为新能源规模化开发推广了"新能源＋生态治理""新能源＋储能"等多能互补开发模式，打造了经济效益和生态效益互促共赢的治沙样板，对自治区加快推进"三基地一通道"建设、加快实现"双碳"目标具有重要意义。此外，新疆新能源大基地也将成为国家能源出口的重要平台，进一步提高国家在全球能源领域的话语权。

（2）"沙戈荒"多能互补大基地项目优先利用清洁能源资源，通过强化源网荷储各环节间协调互动，充分挖掘系统灵活性调节能力和需求侧资源，协调开发和科学配置风光火储等各类资源，在新能源电站侧配置储能系统，利用储能系统削峰填谷，参与地区电网调频、调峰等，减少了对传统能源的依赖，提高清洁能源在总能源消费中的比重，调动需求侧响应积极性，为能源资源开发利用提供"新能源＋"发展模式。

（3）"沙戈荒"地区发展新能源产业将对生态环境产生良性促动，大基地项目以沙漠绿洲生态保护为目标，利用戈壁、荒漠为场址，引入光伏治沙及"沙漠土壤化"生态恢复技术，依靠光伏板覆盖降低地表蒸发，并通过设备集群降低风速，结合机械结构维系沙地植被、巩固沙丘，破解沙漠地区人、地、生态矛盾，构建了"发电、修复、保护"的三重治理体系，实现"治沙、防风、固草"多维防护，有效改善了当地能源结构，推动了新能源与生态融合、友好发展。例如，通过光伏组件的排布，使光伏电站及周边区域的风向变得相对单一，

能增加风阻，有效降低风速，减少阳光直射并吸收部分光照，有效减小日较差、年较差和地面蒸发率，直接降低土壤温度、酸碱度和全盐含量，显著增加土壤湿度和肥力，有利于植被生长。光伏电站建设与防护林、碳汇林、板下生态农业相结合，林光、农光、牧光互补，能够最大化、立体化复合利用土地资源，也能促进增加地表植被，发挥防风固沙效果。